Suzy Wengel

Das Handvoll-Prinzip für die Familie

Gesunde Ernährung und Abnehmen leicht gemacht

südwest

Impressum

1. Auflage

Die Originalausgabe erschien 2018 unter dem Titel „Sense for hele familien" im Politikens Forlag in Dänemark:

Bildnachweis
Coverfoto oben rechts: Les Kaner
Food und Mood Bilder (inkl. Cover): Skovdal Nordic/Inge Skovdal
Familienfotos: Mads Krabbe, Anja Mohon/Fotograf Anja, Johnny Hermann/JH Foto m.fl.

Projektleitung: Katharina Schrott
Producing: SAW Communications, Redaktionsbüro Dr. Sabine A. Werner, Mainz
Übersetzung: SAW Communications: Brigitte Keppeler
Redaktion: SAW Communications: Julia Gilcher und Dr. Sabine A. Werner
Satz: SAW Communications, Mainz, in Zusammenarbeit mit Anke Enders
Umschlaggestaltung für die deutschsprachige Ausgabe: Franz Eder
Reproduktion: Maria Bramsen/MOMGRAFIK
Druck und Verarbeitung: Alföldi Nyomda Zrt., Debrecen

Printed in Hungary

MIX
Papier aus verantwortungsvollen Quellen
FSC® C010328
FSC
www.fsc.org

Verlagsgruppe Random House FSC ® N001967

ISBN: 978-3-517-09803-6
www.suedwest-verlag.de

Inhaltsverzeichnis

Vorwort

Die meisten Eltern träumen von einer Familie, in der alle gesund und fit sind und sich rundum wohlfühlen. Das Fernsehen, Zeitschriften und die sozialen Medien sind voll von Anleitungen für ein perfektes Familienleben. Dort wird jedoch meist ein Idealbild präsentiert, zu dem ein wohlgeformter Body ganz selbstverständlich dazugehört. Eine Familie scheint nur dann in Ordnung zu sein, wenn alle schlank sind. Was aber, wenn die Wirklichkeit zu Hause ganz anders aussieht? Dann kann es schnell passieren, dass Eltern befürchten, sie hätten etwas falsch gemacht.

Wenn Sie sich fragen, warum in Ihrer Familie vieles nicht so ist, wie Sie es sich wünschen, dann ist dieses Buch genau das Richtige für Sie. Ich möchte Ihnen dabei helfen, sich Schritt für Schritt von einem negativen Selbstbild frei zu machen.

Viele verschiedene Wege führen zu Gesundheit und Glück, und was für die eine Familie perfekt passt, muss für eine andere noch lange nicht funktionieren. Es gibt eben mehr als nur eine Art und Weise, sich richtig zu ernähren und gesund zu leben. Ihre Aufgabe besteht darin herauszufinden, welche davon für Sie und Ihre Familie zum Erfolg führt. Dabei ist es wichtig, die Wertvorstellungen und Gewohnheiten aufzuspüren, die Ihr Familienleben prägen.

Schauen Sie sich an, wie die Dinge tatsächlich sind, zunächst ohne gute und weniger gute Ernährungs- und Bewegungsgewohnheiten zu unterscheiden und ohne zu bewerten. Erst anschließend fragen Sie sich, was genau Sie daran hindert, das Leben so zu leben, wie Sie es sich erträumen. In welchen Situationen handeln Sie nach einem festen Muster? Passiert das zum Beispiel dann, wenn der Alltag Sie so fordert, dass Sie glauben, für gesunde Ernährung keine Zeit mehr zu haben? Oder trösten Sie sich und die anderen Familienmitglieder gerne mit leckerem Essen? Kann es sein, dass Sie Gewohnheiten haben, die Ihnen ein Gefühl von Wohlbehagen vermitteln, aber ungesund sind?

Ich möchte Ihnen zeigen, dass auch Ihre Familie ohne allzu großen Aufwand ein Leben führen kann, bei dem eine gesunde Ernährung die Basis für das Wohlbefinden ist. Das ist möglich, ganz gleich, wie die typischen Verhaltensmuster Ihrer Familie aussehen. Meine Empfehlungen enthalten keine großen Einschränkungen, und auch Naschen und ab und zu das Lieblingsessen auf dem Tisch sind nicht verboten, nur die Häufigkeit und Menge behalten Sie besser im Blick.

Das Handvoll-Prinzip basiert auf der Überzeugung, dass unsere Ernährung ausgeglichen sein sollte. Gesundes und nährstoffreiches Essen sollte uns sättigen, für einen stabilen Blutzuckerspiegel sorgen und uns über den ganzen Tag verteilt Energie zur Verfügung stellen. Dieses Ernährungskonzept ist weit entfernt vom Fanatismus extremer Diäten. Ihre Familie kann sogar vieles, was sie gewohnt ist, weiterhin essen. Mit nur wenigen Änderungen können Sie die Ernährung Ihrer Lieben an das Handvoll-Prinzip anpassen, und Sie kommen beim Esskisten-Modell auch ohne einen Haufen exotischer Zutaten aus.

Im ersten Teil des Buches lernen Sie die Grundsätze des Handvoll-Prinzips und den von uns entwickelten Gewohnheitenbaum kennen. Dieser wird Ihnen dabei helfen, die Verhaltensmuster Ihrer Familie zu erkennen. Die Erfahrungsberichte von vier Familien sollen Sie ermutigen, denn sie alle haben sich im Hinblick auf Ernährung und Fitness positiv entwickelt. Sie wurden fröhlicher, aktiver und sozialer, außerdem bekamen sie mehr Energie und ein größeres Selbstvertrauen.

Im zweiten Teil des Buches finden Sie viele Rezepte für Gerichte, die gut schmecken und zugleich zu einer ausgewogenen Ernährung beitragen. Empfehlungen fürs Frühstück sind ebenso dabei wie Ideen für Pausenbrote, Abendessen, Gebäck und Zwischenmahlzeiten.

Ich wünsche Ihnen viel Vergnügen!

Suzy Wengel

Nur Mut!

Bereits vor der Geburt meiner Kinder hatte ich eine klare Vorstellung davon, wie in meiner Familie einmal die Mahlzeiten aussehen sollten. Vor meinem inneren Auge sah ich uns in fröhlicher Runde um den Esstisch sitzen und das gemeinsame Essen genießen. Es war ausgesprochen gesellig, und es konnte vieles erzählt und besprochen werden. Als ich dann tatsächlich Kinder hatte, wurde ich von einer Wirklichkeit eingeholt, die so gar nicht meinen rosaroten Träumen und Wünschen entsprach.

Meine Kernfamilie besteht aus vier Menschen mit unterschiedlichen Bedürfnissen und Lebensrhythmen, die manchmal schwer miteinander in Einklang zu bringen sind. Aus diesem Grund sind zumindest ein gemeinsames Frühstück oder Mittagessen eher selten, und oft schaffen wir es nicht einmal, zusammen zu Abend zu essen.

Unsere beiden Jungen sind sieben beziehungsweise acht Jahre alt. Wenn sie von der Schule nach Hause kommen, sind sie völlig ausgehungert. Dann sehen mein Mann und ich ihnen fassungslos dabei zu, wie sie große Mengen Essen verschlingen, und das, obwohl sie in der Schule Pausenbrote dabeihatten und diese auch komplett aufgegessen haben.

Es dauerte Jahre, bis ich akzeptieren konnte, dass meine Familie Essgewohnheiten hat, die nur selten meiner Vorstellung von gemeinsamen Mahlzeiten entsprechen. Aber mit der Zeit habe ich festgestellt, dass es so, wie wir es handhaben, für uns tatsächlich am besten funktioniert. Ich habe verstanden, dass ein Gespräch nicht zwangsläufig am Esstisch stattfinden muss. Man kann sich nämlich mit den Kindern auch dann unterhalten, wenn kein Essen auf dem Tisch steht. Was so banal klingt, war für mich eine wichtige Einsicht – und brachte eine große Erleichterung.

Bei uns zu Hause läuft es meistens so ab, dass sich die Jungen kurz nach der Rückkehr aus der Schule an Roggenbrot mit Belag, Gemüse, Obst und vielleicht noch einem Rest des Abendessens vom Vortag satt essen. Wenn mein Mann und ich uns ein paar Stunden später zum Abendessen an den Tisch setzen, kommen die beiden zwar dazu, aber meistens essen sie dann nicht viel mit, weil ihre letzte Mahlzeit noch nicht sehr lange zurückliegt. Manchmal entwickeln sie aber trotzdem Appetit und essen deutlich mehr als erwartet. Das ist so in Ordnung, denn der Appetit der Kinder soll und darf steuern, wann und wie viel sie essen. Ihr Bedarf wechselt von Jahreszeit zu Jahreszeit, von Woche zu Woche und von Tag zu Tag. Ich habe es aufgegeben, ihre Nahrungsaufnahme im Tagesverlauf möglichst genau kontrollieren zu wollen. Stattdessen sorge ich dafür, dass die Lebensmittel, zu denen sie Zugang haben, gesund und reich an Nährstoffen sind. Ich sehe, dass sie essen, wenn sie hungrig sind, und aufhören, wenn sie satt sind, und dass sie das essen, was wir im Haus haben. Mit den Getränken handhabe ich es genauso: Ich sorge dafür, dass im Haus nur Wasser und Milch zur Verfügung stehen. So kann ich sicher sein, dass sie ihren Durst auf gesunde Weise stillen und nicht mit süßen Getränken, die viel zu viele Kalorien haben.

Wenn ich Ihnen erzähle, wie wir in meiner Familie mit dem Essen umgehen, dann nur, um Ihnen zu zeigen, dass wir keinem festen Familienbild folgen. Wir sind also nur ein Beispiel und kein Modell für Sie. Es ist mir wichtig zu zeigen, dass es eine Vielfalt an Möglichkeiten gibt. In vielen Familien isst man zweifellos ganz anders als in unserer, und das ist gut so, wenn es für die jeweilige Familie funktioniert.

Viele Eltern haben Schuldgefühle oder schämen sich, weil ihre Familie bestimmten gesellschaftlichen Normen nicht entspricht, und gemeinsame Mahlzeiten gehören dazu. Ich selbst kenne das sehr gut und habe Schuldgefühle inzwischen komplett abgelegt. Dazu möchte ich auch Sie ermutigen.

DIE VERNUNFT ALS TREIBENDE KRAFT

Ich bin nicht nur die Mama unserer beiden Jungen. In den letzten 13 Jahren habe ich zudem drei weitere inzwischen erwachsene Kinder auf ihrem Weg begleitet. Außerdem hatte ich schon Hunderte von Kunden mit Kindern, von denen manche auch übergewichtig waren. Die persönlichen und beruflichen Erfahrungen, die ich in meinem Leben mit Familie, Kindern und deren Essgewohnheiten gemacht habe, sind meine Motivation für dieses Buch. Ohne Zweifel sind mein eigenes früheres Übergewicht und meine damalige Neigung zu übermäßigem Essen ebenfalls ein starker Antrieb, mein Wissen zu teilen.Ich habe den Wunsch, Kindern und ihren Familien dabei zu helfen, gute und gesunde Ernährungsgewohnheiten zu entwickeln und beizubehalten.

Es gab in meinem Leben eine Zeit, da kannte ich im Hinblick auf Essen nur zwei Kategorien von Essen: ungesund, verboten und damit falsch oder gesund, mit Disziplin gewählt und deshalb langweilig. Diese Sicht auf Ernährung habe ich heute zum Glück abgelegt, und es macht mir Freude zu sehen, wie unsere beiden Jungen, die übrigens normalgewichtig sind, ein vollkommen intuitives Verhältnis zum Essen haben. Sie essen, wenn sie hungrig sind, und hören damit auf, wenn sie satt sind. In meinem eigenen Leben existierte dieser natürliche Mechanismus bis vor wenigen Jahren überhaupt nicht.

Ich bin froh darüber, dass ich mein unvernünftiges Essverhalten bereits zu einer Zeit ablegen konnte, als meine Jungen noch ganz klein waren. Zweifellos prägen wir als Eltern die Vorstellung, die unsere Kinder von ausgewogenem Essen und von sportlichen Aktivitäten

entwickeln. Es liegt daher in unserer Verantwortung, ihnen ein vernünftiges Verhältnis zum eigenen Körper zu vermitteln. Eine gute Ernährung spielt dabei natürlich eine wichtige Rolle.

Wenn Sie ständig darüber sprechen, dass Sie abnehmen wollen, oder andauernd unterschiedliche Diäten ausprobieren, vermitteln Sie Ihren Kindern, wie unzufrieden Sie mit dem eigenen Körper sind. Es wäre nicht verwunderlich, wenn sich Ihre negative Einstellung so auf die Körperwahrnehmung der Kinder übertragen würde. Ähnlich ist es mit Ihrem Verzicht auf bestimmte Nahrungsmittel, denn Ihre Kinder könnten daraus schließen, diese seien auch für sie nicht gut, und sie deshalb ablehnen.

Verzicht sollte niemals zum Leitmotiv der Ernährung werden, denn ein grundlegend gestörtes Verhältnis zur Nahrungsaufnahme und in letzter Konsequenz eine Essstörung können die Folge sein. Bei mir selbst hat das zu Fressattacken geführt, gegen die ich viele Jahre angekämpft habe, aber auch eine Magersucht kann so entstehen.

GEHEN SIE MIT GUTEM BEISPIEL VORAN

Um unseren Kindern ein vernünftiges Verhältnis zum Essen zu vermitteln, müssen wir in erster Linie das selbst umsetzen, was wir predigen. Wenn Sie möchten, dass Ihr Kind Gemüse isst, sollten Sie selbst Gemüse essen, und natürlich sollten Sie dafür sorgen, dass es in Ihrem Haushalt für alle genügend Gemüse gibt.

Als Nächstes sollte Kindern vermittelt werden, dass grundsätzlich nur dann gegessen wird, wenn man hungrig ist. Auch hier ist es wieder von entscheidender Bedeutung, dass Sie selbst mit gutem Beispiel vorangehen, denn natürlich wird sich ein Kind ganz selbstverständlich Bonbons aus der Süßigkeitenschublade holen, wenn es immer wieder sieht, dass Mama oder Papa das auch machen.

Weder mein Mann noch ich treiben wirklich intensiv Sport, aber Spaziergänge und Golf tragen doch dazu bei, dass sich die Familie – zumindest im Sommerhalbjahr – an der frischen Luft bewegt. Körperliche Betätigung ist großartig, um ein natürliches Hungergefühl aufzubauen. Für die Kinder gibt es deshalb lange Bildschirmpausen, in denen wir sie auffordern, nach draußen zu gehen und sich zu bewegen. Bei uns zu Hause achten wir darauf, dass das Starren auf einen Bildschirm nicht als Einschlafhilfe benutzt wird.

Mit unseren Kindern rede ich über das Essen. Ich sage ihnen, dass wir grundsätzlich alles essen können, was wir mögen, wir uns aber vor allem bei den Hauptmahlzeiten satt essen. Diese bestehen aus gesunden und nährstoffreichen Lebensmitteln. Jeder darf alles probieren, aber essen soll man grundsätzlich nur so viel man mag. Der Magen sollte nie übervoll sein. Wir backen auch Kuchen – ganz traditionell mit Zucker, Mehl und Butter –, und wir kaufen Süßigkeiten und Eis. Allerdings haben wir nie größere Mengen davon zu Hause, und wir essen das auch nicht jeden Tag.

In Dänemark gilt der Freitag als Naschtag, und es gibt Süßigkeiten, die wir zusammen mit unseren Kindern kaufen. Wir nennen das „Fredagsslik". Ich esse selbst gerne Süßigkeiten, und wir lassen uns bei der Auswahl Zeit. Die Kinder dürfen sich für jeweils zwei Euro eine Tüte füllen, wofür man in unserem Supermarkt ungefähr 150 Gramm Süßig-

keiten bekommt. Den gemeinsamen Einkauf von süßen Leckereien genießen die Kinder genauso sehr wie ich. Dabei wird jedes Stück mit Bedacht gewählt. Wenn wir nach Hause kommen, gibt es ein frühes Abendessen, und danach genießen wir unsere Süßigkeiten. Meistens nasche ich gemeinsam mit meinen Kindern und fordere sie dabei auf, sich jedes Stück vorher anzuschauen, um es dann mit Ruhe und Aufmerksamkeit wirklich zu genießen. Wenn sie nicht alles aufessen, haben sie noch etwas für den nächsten Tag. Fast immer lassen sie etwa ein Drittel übrig, weil beide genau merken, wann sie genug haben.

In der Vorweihnachtszeit bekommen unsere Jungen immer einen Adventskalender mit Schokolade, und auch der „Julenisse“, der dänische Weihnachtswichtel, bringt ihnen traditionsgemäß eine Kleinigkeit zum Naschen. Das weckt große Begeisterung, hat aber noch nie dazu geführt, dass die beiden nach noch mehr Süßigkeiten gefragt haben. Ich glaube, sie haben einfach nicht das Bedürfnis danach. Es gibt kein Standardmodell für eine gesunde oder „richtige“ Familie. Glücklicherweise führen viele Wege zu einer sinnvollen Ernährung und guten Essgewohnheiten.

HAST DU DIR WEHGETAN? NIMM DIR EIN GUMMIBÄRCHEN!

Als Eltern müssen wir darauf achten, in welchem Zusammenhang wir Süßigkeiten – und Essen generell – verwenden. Das müssen wir uns selbst, aber besonders auch in Bezug auf unsere Kinder bewusst machen. Essen Sie selbst aus Langeweile oder weil Sie niedergeschlagen, wütend oder besonders glücklich sind? Geben Sie Ihrem Kind Süßigkeiten, Kuchen, ein Brot mit Nuss-Nugat-Creme oder Chips, um es zu trösten oder abzulenken?

Dass bestimmte Nahrungsmittel gegen die Müdigkeit am Spätnachmittag und unspezifische schlechte Laune helfen und negative Gefühle abmildern können, merken kleine und große Familienmitglieder schnell. Die ganz Kleinen verinnerlichen bereits, dass sie mit Gequengel Schokolade von Mama und Papa bekommen können, und die Größeren verlangen Bonbons, Schokolade, Chips oder Brote mit Nuss-Nugat-Creme, um mit Langeweile, Müdigkeit, oder anderen unangenehmen Gefühlen fertigzuwerden.

Erkennen Eltern dieses Muster nicht rechtzeitig, nehmen es die Kinder mit in ihr Erwachsenenleben und geben es schließlich an ihre eigenen Kinder weiter. Wenn Ihnen klar geworden ist, dass Sie bei sich selbst oder bei Ihren Kindern leckeres Essen zum Trost bei negativen Gefühlen einsetzen, können Sie diese schlechte Gewohnheit in den Griff bekommen. Selbsterkenntnis ist ja bekanntlich der erste Schritt zur Besserung. Sie sind keineswegs schlechte Eltern, nur weil sie „Nein“ sagen. Die Quengeleien werden mit der Zeit aufhören, sie müssen aber konsequent beim Nein bleiben.

Fragen Sie sich einmal selbst, wie Sie Ihrem Kind auch ohne den Einsatz von

Essen Liebe und Trost geben können. Die meisten Kinder mögen es, in den Arm genommen zu werden. Vielleicht können Sie ein Buch zusammen lesen, sich einfach über den Tag unterhalten oder eine andere Belohnung finden, die nichts mit Essen zu tun hat. Ich erlebe oft, dass es alleine schon hilft, darüber zu sprechen, dass Süßigkeiten als Belohnung ein Problem sind.

Es ist immer gut, einem Kind Aufmerksamkeit zu widmen. Wenn Ihr Kind sich einfach nur langweilt, dann helfen Sie ihm dabei, etwas Neues anzufangen. Vielleicht signalisiert die demonstrierte Langeweile aber auch nur, dass Ihr Kind gerne mit Ihnen zusammen sein möchte. Wenn Sie Aufgaben zu erledigen haben, beziehen Sie Ihr Kind mit ein – vielleicht können Sie gemeinsam das Essen zubereiten.

SEI BRAV, UND ISS DEN TELLER LEER!

Ich habe bereits erwähnt, dass unsere Kinder zu Hause nur die Menge essen, die ihrem Hunger entspricht. Das heißt, sie dürfen etwas übrig lassen. Viele aus unserer Generation wurden jedoch dazu erzogen, den Teller leer zu essen, denn das galt früher als höflich. Das Resultat davon war, dass wir lernten, über unsere eigene Sättigungsgrenze hinaus weiterzuessen. Das führte dazu, dass wir auch die natürlichen Sättigungssignale nicht mehr wahrnehmen konnten.

Ein bestimmtes Gericht schmeckt einem nicht, wenn man gezwungen wird, es zu essen, womöglich sogar, ohne überhaupt hungrig zu sein. Wurde einmal Zwang angewandt, dann kann das der Grund dafür sein, dass ein Kind ein bestimmtes Nahrungsmittel dauerhaft nicht mag. Ich habe selbst enorm bereut, dass ich meinen jüngeren Sohn Albert einmal dazu gezwungen habe, Brokkoli zu essen. Seitdem ist er nämlich davon überzeugt, sich von Brokkoli übergeben zu müssen.

Es ist besser, Kinder verschiedene Nahrungsmittel in ihrem eigenen Tempo probieren zu lassen. Es mag vorkommen, dass sie den Geschmack eines Gerichts zuerst nicht so mögen, sich das mit der Zeit aber ändert. Meiner Erfahrung nach können Sie der Neugier auf etwas Neues nachhelfen, wenn Sie die Kinder bei der Zubereitung des Gerichts helfen lassen. Geben Sie ihnen kleine, überschaubare Aufgaben. Sie können zum Beispiel Gemüse vorbereiten, es zerkleinern und mit Salz, Pfeffer, Zitronensaft oder Honig abschmecken. Vergessen Sie auch nicht, dass Ihre Kinder die Vorlieben und Abneigungen, die sie persönlich haben, nicht teilen müssen. Außerdem ändern sich Geschmackspräferenzen das ganze Leben lang. Ich habe festgestellt, dass bei den drei inzwischen erwachsenen Kindern, an deren Leben ich einen großen Anteil hatte, sich der Geschmack über die gesamte Kindheit hinweg entwickelt hat. Heute essen sie im Großen und Ganzen alles, außer Schnecken, für die ich sie noch nicht begeistern konnte. Aber vielleicht gelingt mir das eines Tages auch noch.

Uns allen schmeckt Essen am besten, wenn wir hungrig sind. Vielleicht würde Albert Brokkoli auf dem Teller heute

anders beurteilen, wenn er an dem Tag, an dem er ihn zum ersten Mal versuchte, sehr hungrig gewesen wäre. Vielleicht hätte ihn der Geschmack von Brokkoli damals auch eher angesprochen, wenn ich eine leckere Soße dazu serviert hätte.

Es gibt zwar niemals eine Erfolgsgarantie, aber ganz sicher haben Kinder eine größere Bereitschaft, etwas Neues zu probieren, wenn sie hungrig sind. Wenn Ihre Kinder mehr Gemüse essen sollen, dann bieten Sie ihnen, wenn sie zwischendurch hungrig sind, eine Schüssel mit Gemüsesticks an. Wer sagt denn, dass Gemüse immer nur Teil einer Hauptmahlzeit sein muss?

IST MEIN KIND ÜBERGEWICHTIG?

Die Frage, ob Ihr Kind übergewichtig ist, ist nicht immer leicht zu beantworten. Ungeachtet der Tatsache, dass Sie als Eltern Ihr Kind am besten kennen, ist hierfür letztlich die Beurteilung durch einen Arzt angeraten. Bei übergewichtigen Kindern ist nicht immer eine Reduktion des absoluten Gewichts notwendig, man kann das Problem auch in den Griff bekommen, indem man das Kind bei allmählicher Gewöhnung an gesündere Ernährungs- und Bewegungsgewohnheiten sozusagen aus dem Übergewicht „hinauswachsen" lässt. Wenn bei mehr oder weniger gleichbleibendem Gewicht die Körpergröße ansteigt, hat sich das Problem mit dem Übergewicht irgendwann erledigt.

Mit diesem Buch möchte ich Ihnen Hilfsmittel und Rezepte für eine besser strukturierte Ernährung anbieten. Es wird jedoch von Familie zu Familie verschieden sein, an welchen Gewohnheiten hauptsächlich gearbeitet werden muss und wie die jeweiligen Herausforderungen gemeistert werden. Im Prinzip können Sie nichts falsch machen, denn Sie wissen schließlich am besten, was für Ihre Familie gut funktioniert. Sie können jedoch bei den Ernährungsgewohnheiten ansetzen, besonders bei den schlechten, die nicht selten zu Übergewicht führen. Daher ist es sehr wichtig, dass Sie sich als Familie Ihrer Gewohnheiten bewusst werden, über sie sprechen und daran arbeiten. Um diesen Prozess zu erleichtern und teilweise standardisieren zu können, habe ich den Gewohnheitenbaum entwickelt, über den sie ab Seite 26 mehr erfahren.

Wenn Sie der Meinung sind, dass Ihr Kind auf dem Weg zu einem angemessenen Gewicht Begleitung braucht, wenden Sie sich an Ihren Hausarzt oder anderes medizinisches Fachpersonal, um das weitere Vorgehen abzusprechen. Versetzen Sie sich in Ihr Kind, bevor es vermessen und gewogen wird, damit Sie verstehen, wie sich das anfühlt. Für manche ist das motivierend, für andere kann es ein Stressfaktor sein. Sie sollten auch darauf vorbereitet sein und damit umgehen können, dass Ihre Bemühungen erfolglos bleiben und das Gewicht gleich bleibt oder vielleicht sogar mehr wird. Kinder wachsen, und grundsätzlich ist es normal, dass ihr Gewicht zunimmt. Dieser Faktor muss beim Wiegen eines Kindes immer berücksichtigt werden. Sie selbst kennen Ihr Kind am besten und können die Umstände wahrscheinlich am zutreffendsten beurteilen.

Das Handvoll-Prinzip

ESSKISTE 1

ESSKISTE 2

ESSKISTE 3

Von den Grundsätzen und Ernährungsempfehlungen, auf denen das Handvoll-Prinzip basiert, kann unabhängig vom eigenen Gewicht jeder profitieren. Wenn Sie aber eine dauerhafte Gewichtsreduktion oder eine Veränderung des Lebensstils für sich und Ihre Familie anstreben, sind das Verständnis des Handvoll-Prinzips und die Befolgung seiner Grundregeln für Sie besonders hilfreich. Allerdings möchte ich an dieser Stelle darauf aufmerksam machen, dass Sie auch und gerade dann das Handvoll-Prinzip an Ihr Leben anpassen müssen – und nicht umgekehrt.

INTEGRIEREN SIE DAS HANDVOLL-PRINZIP IN IHR LEBEN

Beim Handvoll-Prinzip geht es darum, sich jede von drei Mahlzeiten pro Tag als eine Esskiste vorzustellen. Diese Esskisten – die je einer Mahlzeit entsprechen – füllen Sie mit Zutaten unterschiedlicher Nahrungsgruppen. Als Maß für diese Zutaten verwenden Sie jeweils die „Handvoll" – nur für Fette gilt stattdessen der Esslöffel.

Für Erwachsene

Bei mindestens zwei ihrer drei täglichen Hauptmahlzeiten sollten Sie jeweils eine bis zwei Handvoll Gemüse, eine Handvoll Proteine und eine Handvoll Brot, Nudeln, Reis, Kartoffeln, Obst o. Ä. zu sich nehmen.

- Verwenden Sie bei jeder Hauptmahlzeit einen bis drei Esslöffel Fett.
- Sie können zusätzlich Milchprodukte essen. Die Milchprodukte können Sie zu oder zwischen den Mahlzeiten essen oder trinken. Zu jeder Hauptmahlzeit können Sie zwei Esslöffel auf Milchprodukten basierendes Dressing mit bis zu 9 % Fett verwenden. Außerdem können Sie täglich insgesamt 300 ml Milchprodukte mit bis zu 3,5 % Fett zu sich nehmen.
- Nehmen Sie in den ersten beiden Wochen Ihrer Gewichtsabnahme konsequent drei Hauptmahlzeiten am Tag zu sich. Danach sind Sie mit dem Handvoll-Prinzip so vertraut, dass Sie Ihren eigenen Weg finden werden. Vielleicht fühlen Sie sich ja mit zwei großen Hauptmahlzeiten und einer Zwischenmahlzeit am Tag wohler, oder Sie sind der Typ, der vier, fünf oder gar sechs entsprechend kleinere Mahlzeiten am Tag am angenehmsten findet.
- Genießen Sie Süßigkeiten, Kuchen, Eis, Chips, Limonade, Alkohol und andere Genussmittel als Teil einer ansonsten abwechslungsreichen Ernährung. Alle Lebensmittel, die nicht in die Handvoll-Kategorien passen, werden Genussmittel genannt.
- Löschen Sie Ihren Durst mit Wasser. Andere Getränke, die wenig oder keine Kalorien enthalten, können alternativ getrunken werden.
- Seien Sie 30 Minuten am Tag körperlich aktiv, und bringen Sie Ihren Puls mehrere Male pro Woche auf Trab.

DAS ESSKISTENMODELL NACH DEM HANDVOLL-PRINZIP

Eine Mahlzeit besteht aus Zutaten, die man sich als Inhalt einer nach dem Handvoll-Prinzip zusammengestellten Esskiste vorstellen kann.

- Wenn Sie mit einer Mahlzeit fertig sind, wird diese Esskiste sozusagen zugeklappt. Das bewusste Zuklappen sollten Sie als Signal dafür verstehen, die nächste Esskiste erst zu öffnen – also erneut zu essen –, wenn Sie wieder richtig hungrig sind. Wenn Ihre Esskiste angemessen gefüllt war, sollte das aber erst etwa fünf bis sechs Stunden später der Fall sein.
- Beschäftigen Sie sich nicht zu sehr damit, wenn Sie einmal genascht oder sehr üppig gegessen haben. Betrachten Sie diese Esskiste einfach als geschlossen, und stellen Sie die nächste angemessen zusammen. Die drei Esskisten als Mahlzeitenplaner dienen als Visualisierung Ihrer täglichen Nahrungsaufnahme. Auch ohne allzu detaillierte Mengenangaben für jede Mahlzeit beachten zu müssen, weichen Sie auf diese Weise nie ganz vom eingeschlagenen Kurs ab.

Das Esskistenmodell nach dem Handvoll-Prinzip®

GEMÜSE

HANDVOLL NR. 1:

Blattgemüse, Wurzelgemüse, Kohl, Tomaten u. Ä.

HANDVOLL NR. 2*:

Die Zusammensetzung von Handvoll Nr. 2 ist identisch mit der von Handvoll Nr. 1. Das Sternchen zeigt an, dass Handvoll Nr. 2* nur eine Zwischenmahlzeit bei Bedarf ist.*

FETT

1–3 ESSLÖFFEL VOLL:

Butter, Öl, Nüsse, Pesto, Avocado, Mayonnaise, fetter Käse, Soßen, dunkle Schokolade u. Ä.

STÄRKE/OBST

HANDVOLL NR. 4:

Brot, Frühstückszerealien, Nudeln, Reis, Kartoffeln, Mais u. Ä. / Früchte aller Art

PROTEINE

HANDVOLL NR. 3:

Fleisch, Geflügel, Fisch, Schalentiere, Eier, magerer Käse und Hülsenfrüchte

MILCHPRODUKTE

Es bleibt Ihnen überlassen, ob Sie bis zu 300 ml Milchprodukte pro Tag essen oder trinken möchten. Diese 300 ml sollten einen Fettanteil von maximal 3,5 Prozent haben. Außerdem können Sie jede Esskiste mit 2 Esslöffeln Dressing ergänzen, das auf Milchprodukten basiert. Dabei sollte der Fettanteil bei maximal 9 Prozent liegen.

Für Kinder (6–17 Jahre)

SO UNTERSCHEIDEN SICH DIE ESSKISTEN DER KINDER VON DENEN DER ERWACHSENEN

Wenn Sie die Ernährung Ihrer Kinder nach dem Handvoll-Prinzip gestalten möchten, gelten etwas andere Regeln als bei Erwachsenen. Hier sind die wichtigsten Unterschiede:

- Obst gehört zu Handvoll Nr. 1 und 2* und nicht wie bei Erwachsenen zu Handvoll Nr. 4.
- Kinder können in jede Esskiste zwei gut gehäufte Handvoll Stärke bekommen, während sich Erwachsene mit einer Handvoll begnügen sollten.
- Dafür ist die Menge Fett pro Esskiste auf einen bis zwei Esslöffel beschränkt, während Erwachsene einen bis drei Esslöffel nehmen können.
- Kinder können täglich bis zu 500 ml Milchprodukte zusätzlich essen oder trinken. Bei Erwachsenen sollten es nur 300 ml sein.

DIE ESSKISTE FÜR KINDER

So sollte eine nach dem Handvoll-Prinzip zusammengestellte Esskiste aussehen, welche die Mahlzeit eines Kindes repräsentiert:

- Sie sollten zwar die Essensplanung nicht in die Hand Ihrer Kinder legen, aber die Größe einer Kinderhand soll hier trotzdem als Maßeinheit dienen.
- Sie sollten dafür sorgen, dass das Kind über den ganzen Tag verteilt den Inhalt von mindestens zwei Esskisten zu sich nimmt, und zwar entweder als zwei Hauptmahlzeiten oder aber, abhängig vom Appetit und vom Essverhalten des Kindes, als mehrere kleine Mahlzeiten. Die dritte Hauptmahlzeit kann dann etwas ganz Einfaches sein, zum Beispiel Haferflocken mit Milch und einem Esslöffel Rosinen, siehe hierzu das Beispiel auf Seite 122.
- Gehen Sie zunächst von drei Hauptmahlzeiten aus, und beurteilen Sie mit der Zeit, ob das Kind eine, zwei oder drei Zwischenmahlzeiten benötigt. Achten Sie auf die Bedürfnisse und Gewohnheiten des Kindes, vielleicht fühlt es sich mit fünf bis sechs Mahlzeiten am Tag einfach wohler.
- Sie sollten Süßigkeiten auf keinen Fall verteufeln, aber satt essen sollten sich Kinder an den Lebensmitteln aus den Esskisten. Süßigkeiten sollte es entweder nur zu besonderen Gelegenheiten oder aber als fester Bestandteil des Alltags und dann in sehr kleinen Mengen geben.
- Sorgen Sie dafür, dass Ihr Kind seinen Durst mit Wasser oder Milch stillt. Die empfohlene Menge Milch liegt bei einem halben Liter am Tag. Andere Getränke, die wenig oder keine Kalorien enthalten, können gelegentlich als Alternative zu Wasser getrunken werden.
- Sorgen Sie dafür, dass das Kind mindestens 60 Minuten am Tag körperlich aktiv ist und seinen Kreislauf mehrere Male pro Woche richtig auf Trab bringt – zum Beispiel durch dreimal 30 Minuten Laufen.

Das Esskistenmodell nach dem Handvoll-Prinzip®, angepasst an ein Kind im Alter von 6–17 Jahren:

GEMÜSE UND OBST

HANDVOLL NR. 1:

Blattgemüse, Wurzelgemüse, Kohl, Tomaten u. Ä., Beeren und Obst

HANDVOLL NR. 2*:

Die Zusammensetzung von Handvoll Nr. 2 ist identisch mit der von Handvoll Nr. 1. Das Sternchen zeigt an, dass Handvoll Nr. 2* nur eine Zwischenmahlzeit bei Bedarf ist.*

FETT

1–2 ESSLÖFFEL VOLL:

Butter, Öl, Nüsse, Pesto, Avocado, Mayonnaise, fetter Käse, Soßen, dunkle Schokolade u. Ä.

STÄRKE

HANDVOLL NR. 4:

Brot, Frühstückszerealien, Nudeln, Reis, Kartoffeln, Mais u. Ä.

HANDVOLL NR. 5*:

Die Zusammensetzung von Handvoll Nr. 5 ist identisch mit der von Handvoll Nr. 4. Das Sternchen zeigt an, dass Handvoll Nr. 5* nur eine Zwischenmahlzeit bei Bedarf ist.*

PROTEINE

HANDVOLL NR. 3:

Fleisch, Geflügel, Fisch, Schalentiere, Eier, magerer Käse und Hülsenfrüchte

MILCHPRODUKTE

Ganz nach Geschmack kann das Kind die Menge von 500 ml Milchprodukten am Tag trinken oder essen. Dabei sollte bei den gewählten Produkten der Fettanteil maximal 3,5 Prozent betragen. Zusätzlich zu den 500 ml Milchprodukten kann das Kind jede Esskiste mit 2 Esslöffeln Dressing ergänzen, das auf Milchprodukten mit einem Fettanteil von maximal 9 Prozent basiert. Falls das Kind keine Milchprodukte verträgt, verzichten Sie natürlich darauf.

Für Kinder
Für Jugend-liche

Frühstück für die Familie

BEISPIEL:

Bananenwaffeln mit Vanille-Skyr, Himbeeren und dunkler Schokolade

Siehe Rezept Seite 128.

SO IST DIE ESSKISTE GEFÜLLT:

FÜR FRAUEN UND MÄNNER

HANDVOLL NR. 3: *Ei*

HANDVOLL NR. 4: *Banane, Mehl, Haferflocken, Himbeeren*

FETT: *Butter, Schokolade*

MILCHPRODUKT: *Skyr*

GEWÜRZE: *Backpulver, Salz, gemahlene Vanille, Kardamom*

FÜR JUGENDLICHE UND KINDER

HANDVOLL NR. 1 UND HANDVOLL NR. 2*: *Banane, Himbeeren*

HANDVOLL NR. 3: *Ei*

HANDVOLL NR. 4 UND HANDVOLL NR. 5*: *Mehl, Haferflocken*

FETT: *Butter, Schokolade*

MILCHPRODUKT: *Skyr*

GEWÜRZE: *Backpulver, Salz, gemahlene Vanille, Kardamom*

Für Kinder
Für Jugend-liche

Abendessen für die Familie

BEISPIEL:

Frikadellen mit Blumenkohl und Nudeln in roter Soße

Siehe Rezept Seite 214.

SO IST DIE ESSKISTE GEFÜLLT:

FÜR FRAUEN, MÄNNER, JUGENDLICHE UND KINDER

HANDVOLL NR. 1 UND HANDVOLL NR. 2*: *Zwiebel, Blumenkohl*

HANDVOLL NR. 3: *Schweinefleisch, Ei, Bacon*

HANDVOLL NR. 4: *Nudeln, Mehl*

FETT: *Butter*

MILCHPRODUKT: *Milch*

GEWÜRZE: *Salz, Pfeffer, Ketchup*

Am Laptop, PC und Telefon
Vor dem Fernseher
Essenszubereitung
Am Esstisch
Emotionales Essen
Vor dem Fernseher
Hygge
Freitagsnaschwerk
Am Esstisch
Essenszubereitung
Emotionales Essen
Hygge
Beim Shoppen
Im Supermarkt
Auf dem Weg zum Sport, in den Urlaub, zu Freunden usw.
Schul- und Arbeitsweg
Wochenende
Werktage
Einkaufen
Transport
ZU HAUSE
Im Hotel
Im Ferienhaus
UNTERWEGS
TAGESAUSFLÜG
Beim Camping
DU/ICH
Auf Festivals
FREIZEIT
URLAUB UND FEIERN
Auf Besuch
Im Restaurant
Auf einem Fest
Heimliche Gewohnheiten
FAMILIÄRE WURZELN

Der Gewohnheitenbaum®

Ein Hilfsmittel, um über Gewohnheiten zu sprechen

Der hier vorgestellte Ansatz zur Arbeit mit Gewohnheiten ist vom VaneCoach-Modell inspiriert, das von Anne Gaardmand und Morten Elsøe entwickelt wurde.

Um die speziellen Gewohnheiten einer Familie anschaulich darstellen zu können, habe ich den Gewohnheitenbaum entwickelt. Als Gewohnheiten bezeichne ich in diesem Zusammenhang Handlungen, die wir ausführen, ohne bewusst darüber nachzudenken. Sie sind ausschlaggebend dafür, ob wir einen vernünftigen Lebensstil haben oder nicht, und sie zu ändern, ist der Schlüssel zu mehr Gesundheit. Im vorliegenden Buch liegt der besondere Schwerpunkt auf den Ernährungsgewohnheiten Ihrer Familie, denn von der Art und Weise, wie Sie essen und trinken, hängt die Höhe Ihrer Kalorienaufnahme ab. Auch der Grad Ihrer körperlichen Aktivität wird durch feste Gewohnheiten bestimmt. Es ist lohnend, sich diese im Hinblick auf einen vernünftigen Lebensstil genauer anzusehen und gegebenenfalls zu verändern.

Der Gewohnheitenbaum soll Ihrer Familie vor allem dabei helfen, sich Ihrer Ernährungs- und Bewegungsgewohnheiten bewusst zu werden. Er eröffnet Ihnen die Möglichkeit, einzelne Gewohnheiten zu identifizieren und gemeinsam zu überlegen, wie Sie in Zukunft damit umgehen wollen. Besprechen Sie, was momentan Ihre Gewohnheiten sind und wie diese in einem Jahr, in zehn Jahren und für den Rest Ihres Lebens aussehen sollen. Wie sehen Gewohnheiten aus, die Ihrer Meinung nach förderlich sind, und was hindert Sie daran, diese einzuüben?

Gewohnheiten sind ein unverzichtbarer Teil unseres Lebens. Denken Sie einfach nur an Ihren Tagesablauf: Sie stehen auf, duschen, frühstücken, putzen sich die Zähne und so weiter. Dies alles läuft normalerweise nach einer ganz festen Routine ab. Sie denken darüber nicht wirklich nach, sondern wiederholen täglich dieselben Abläufe. Genauso ist es mit unseren Ernährungs- und Bewegungsgewohnheiten. Wir essen, trinken und sind körperlich aktiv – auch darüber denken wir normalerweise kaum nach.

Wir müssen uns unserer Gewohnheiten also erst einmal bewusst werden, wenn wir sie ändern möchten. Wir müssen alle unsere Gewohnheiten genau betrachten und dabei definieren, welche für uns förderlich sind und welche uns schaden.

Urteilen Sie dabei nicht zu schnell, denn der erste Eindruck kann täuschen. Vielleicht finden Sie heraus, dass eine Gewohnheit, die Sie für schlecht halten, eigentlich in Ordnung ist, weil sie etwas Positives zu Ihrem Familienleben beiträgt. Wenn sich zum Beispiel Ihre Familie während eines Spieleabends immer eine große Tüte Süßigkeiten teilt, dann hört sich das nach einer schlechten Gewohnheit an. Wenn Sie aber nur dreimal im Jahr einen solchen Spieleabend veranstalten und alle diese Süßigkeiten lieben, dann überwiegt in diesem speziellen Fall der positive Aspekt die Tatsache, dass man den Genuss von Süßigkeiten eigentlich einschränken sollte. Betrachten Sie also vor allem solche Gewohnheiten genauer, die Ihren Alltag prägen.

Es könnte zum Beispiel sein, dass jemand aus Ihrer Familie jedes Mal beim Shoppen aus Heißhunger irgendwelche Kalorienbomben verschlingt. Gäbe es zu diesem Essen vielleicht eine Alternative? Oder könnte man das Shopping vielleicht auf eine Zeit legen, in der die oder der Betreffende nicht so hungrig ist?

DER AUFBAU DES GEWOHNHEITENBAUMS

Wie alle Bäume hat auch der Gewohnheitenbaum Wurzeln. Sie zeigen symbolisch, dass sich unsere Gewohnheiten aus der Familiengeschichte herleiten lassen, denn sie resultieren aus genetischen Faktoren und dem sozialen Erbe unserer Vorfahren. Ihre DNA, also Ihre Erbinformation, ist in diesem Zusammenhang von entscheidender Bedeutung. Diese ist nicht veränderlich, weshalb Sie Teile der familiären Verwurzelung wohl als gegeben ansehen und akzeptieren müssen. Sie können zum Beispiel ererbte Komponenten Ihres Stoffwechsels ebenso wenig beeinflussen wie Ihre familiär geprägte Statur. Sie werden Ihren biologischen Eltern in vielen Dingen ähnlich sein. Wenn Ihre Mutter und Ihr Vater einen apfelförmigen Körpertyp haben oder hatten, ist die Wahrscheinlichkeit groß, dass auch Ihr Körper diese grundlegende Prägung aufweist.

Ihnen sollte jedoch klar sein, dass die genetische Disposition, der Sie nicht entgehen können, Sie nicht von der Aufgabe befreit, auf gute Ernährungs- und Bewegungsgewohnheiten zu achten. Gerade wenn Sie durch Ihre DNA eine Disposition für Typ-2-Diabetes oder erhöhte Cholesterinwerte haben, kann Ihr Lebensstil darüber entscheiden, ob die Krankheit bei Ihnen ausbricht oder nicht beziehungsweise wie stark die Erkrankung bei Ihnen ausgeprägt ist.

Zu Ihrer Verwurzelung gehört auch das soziale Erbe, also das Wissen und die Gewohnheiten, Normen und Einstellungen, die Sie durch Erziehung und das Vorbild von Ihren Eltern übernommen haben – aber nicht nur von denen, sondern auch von Ihren Lehrern, Trainern und dem Freundes- und Bekanntenkreis. Neben Wissen und Einstellungen übernehmen Sie von den Menschen, die Ihnen nahestehen, auch Ernährungs- und Bewegungsgewohnheiten. Darüber hinaus haben sich bei Ihnen durch langjährige Familientraditionen und -muster feste Verhaltensweisen entwickelt. Die soziale Prägung ist oft nur schwer zu durchbrechen, aber mit einem gezielten Vorgehen und der Konzentration auf jeweils nur eine Gewohnheit ist es zu schaffen.

Wenn Sie dem Stamm des Gewohnheitenbaums nach oben folgen, kommen Sie zu einem Knotenpunkt, der Sie selbst und Ihre Familie repräsentiert. In Ihrer Familie verschmelzen Ihre Wurzeln und Gewohnheiten mit denen Ihres Partners. Gemeinsam bilden Sie beide die Grundlage für den Gewohnheitenbaum Ihrer Kinder. Sie sollten also darüber nachdenken, wie Sie als Familie mit guten und schlechten Gewohnheiten leben, und bei Gelegenheit auch über all diese Verhaltensweisen offen sprechen. Dies gilt für offensichtliche Gewohnheiten genauso wie für versteckte.

Es kommt vor, dass Sie persönliche Gewohnheiten entdecken, die der Rest der Familie nicht aufweist. Sie können in einem solchen Fall Ihren eigenen Gewohnheitenbaum erstellen. Das gilt auch für Ihren Partner und die Jugendlichen in Ihrer Familien. Auch in diesem Fall ist es wichtig, gemeinsam herauszuarbeiten, an welchen Punkten man persönlich und als Familie jetzt sofort am einfachsten und am realistischsten ansetzen kann.

Hinter dem Astloch im Stamm des Gewohnheitenbaums sind diejenigen Gewohnheiten verborgen, die wir geheim halten und für die wir uns vielleicht schämen. Verdecken sie sehr schmerzhafte Erfahrungen, kann es erforderlich sein, sich für diese schwierigen Themen professionelle Hilfe zu holen. Hier gilt es auch zu bedenken, dass gewisse Dinge nicht mit Kindern besprochen werden sollten. In jedem einzelnen Fall liegt es an Ihnen als Eltern, dies zu beurteilen.

Aus dem Stamm des Baumes wachsen fünf dicke Äste. Jeder Ast steht für einen Lebensbereich. Die Äste können sich verzweigen, bis es für alle nur denkbaren Aktivitäten und Orte einen Zweig am Baum gibt. Je genauer Sie diese Verzweigungen erkennen, desto besser wird Ihr Überblick über Ihre Gewohnheiten werden.

MACHEN SIE DIE ÜBUNG GEMEINSAM

Fangen Sie gemeinsam mit der Erforschung Ihrer Familiengewohnheiten an. Den Vordruck des Gewohnheitenbaums und eine detaillierte Anleitung finden Sie unter folgendem Link:

www.suedwest-verlag.de/handvoll-prinzip-familie

Dieses Material wird Ihnen kostenlos zur Verfügung gestellt. Als weitere Hilfsmittel brauchen Sie einen Post-It-Block und Stifte. Ziel der Übung ist es, am Ende eine oder zwei Gewohnheiten identifiziert zu haben, an denen Sie dann arbeiten können.

So arbeiten Sie mit dem Gewohnheitenbaum®

Beginnen Sie am besten damit, die Gewohnheiten Ihrer Familie den verschiedenen Bereichen des Gewohnheitenbaums zuzuordnen. Wenn Sie den Baum ausgedruckt haben, tragen Sie sie ein. Nehmen Sie sich dafür eine bis zwei Stunden Zeit, und setzen Sie sich dabei wie bei einem Gesellschaftsspiel gemeinsam an einen Tisch. Am wichtigsten ist es, zuerst einmal Ihre jeweiligen Gewohnheiten und Verhaltensmuster zu benennen. Dazu müssen Sie sich bewusst machen, wie und wann Sie bestimmte Dinge tun und ob sich diese Muster regelmäßig wiederholen. Führt eine bestimmte Gewohnheit etwa zur Aufnahme vieler Kalorien? Es könnte zum Beispiel sein, dass abends immer eine Tüte Chips auf dem Tisch liegt. Das wäre eine Gewohnheit, mit der Sie sich im Grunde jeden Tag den Kalorienwert einer zusätzlichen halben oder gar ganzen Esskiste einverleiben würden.

Fertigen Sie am besten zuerst einen Baum an, der die Gewohnheiten der ganzen Familie zeigt. Danach können die erwachsenen und die jugendlichen Familienmitglieder einen eigenen Gewohnheitenbaum erstellen. Die meisten von uns haben persönliche Verhaltensweisen, von denen wir einige vielleicht sogar gerne für uns behalten möchten. Daher ist es völlig in Ordnung, am persönlichen Gewohnheitenbaum allein zu arbeiten.

Eine schöne Sache ist auch das Ausarbeiten eines Wunsch-Gewohnheitenbaums, der alle Gewohnheiten zeigt, die Sie gerne hätten. Drucken Sie ihn aus, und hängen Sie ihn als Leitfaden und Motivation an den Kühlschrank!

Den Gewohnheitenbaum für Ihre Familie sollten Sie gemeinsam betrachten. Überlegen Sie, welche Veränderungen am einfachsten umzusetzen sind. Da kommen sowohl Gewohnheiten einzelner Familienmitglieder als auch Gewohnheiten der Familie als Ganzes infrage. Beschließen Sie eine Anpassung der Ernährung an das Handvoll-Prinzip, werden Sie mit nur wenigen Änderungen viel erreichen können.

Überlegen Sie sorgfältig, welche Bedeutung jede einzelne Gewohnheit für Ihr Leben hat. Möchten Sie sie beibehalten, weil sie Ihnen wichtig ist, oder kann die Gewohnheit zumindest ein wenig verändert werden? Letztlich müssen Sie selbst entscheiden, welche Gewohnheit von Ihrem Gewohnheitenbaum entfernt werden soll. Wenn Sie sich darauf geeinigt haben, eine oder mehrere Gewohnheiten zu ändern, müssen Sie ein konkretes Ziel definieren, und zwar eines, das realistisch ist. Ihr Erfolg sollte klar erkennbar sein. Um dies zu erreichen, wird zum Beispiel ein Zeitrahmen oder die Häufigkeit einer Übung festgelegt. Auf den nächsten Seiten sehen Sie, wie das geht.

Acht Beispiele: So können Sie Ihre Gewohnheiten ändern

Zielsetzung:

Für das Frühstück wollen wir uns mindestens 15 Minuten Zeit nehmen.

WIR ERREICHEN DIESES ZIEL …

1) … indem die Kinder schon am Abend vorher die Kleidung für den nächsten Tag zurechtlegen und den Schulranzen packen.

2) … indem die Eltern schon am Abend vorher die Pausenbrote fertig machen.

GEWOHNHEIT 1:

Das Frühstück wird in fünf Minuten hinuntergeschlungen.

Die Kinder erleben Stress beim Essen, und es entsteht eine Tendenz, in der begrenzten zur Verfügung stehenden Zeit zu viel in sich hineinzuschlingen, anstatt den Tag ruhig und gelassen zu beginnen. Ein realistisches Szenario könnte es daher sein, die Bedingungen so zu gestalten, dass für das Frühstück auch wirklich mindestens 15 Minuten Zeit bleiben. Dafür vereinbart die Familie gemeinsam, dass jeder bereits am Vorabend einen Teil der Erledigungen übernimmt, die am Morgen die zur Verfügung stehende Zeit auffressen. Damit stehen zehn Minuten zusätzlich für das Frühstück zur Verfügung.

Zielsetzung:

Während der Woche sollen sich Kinder in der Zeit zwischen 16 und 17 Uhr nur an Gemüse, Obst, Brotbelag und Roggenbrot satt essen.

WIR ERREICHEN DIESES ZIEL …

1) … indem die Eltern vernünftig einkaufen.

2) … indem Weißbrot und Nuss-Nugat-Creme unter der Woche verboten werden, aber am Samstag und Sonntag zum Frühstück erlaubt sind.

GEWOHNHEIT 2:

Das Kind ist in der Zeit zwischen 16 und 17 Uhr allein zu Hause und isst dann meistens drei Scheiben Weißbrot mit Nuss-Nugat-Creme.

Wenn ein Kind allein zu Hause ist, entscheidet es selbst, was es isst. Wenn die Eltern dafür sorgen, dass Obst und Gemüse vorrätig sind und Roggenbrot statt Weißbrot, gewöhnt sich das Kind daran. Nuss-Nugat-Creme kann ein Trigger-Nahrungsmittel sein, also eines, bei dem man die Aufnahmemenge nur schwer kontrollieren kann, weil es tröstend wirkt. Wenn jemand in der Familie ein solches Trigger-Nahrungsmittel hat, sollte man überlegen, ob es überhaupt im Haus vorrätig sein soll. Man könnte in diesem Fall den Genuss auf Ausnahmesituationen begrenzen.

Zielsetzung:

Kinder sollen nicht mit Eis, sondern durch Gespräche und körperliche Zuwendung getröstet werden.

WIR ERREICHEN DIESES ZIEL …

1) … indem wir uns, wenn das Kind Trost braucht, fünf bis zehn Minuten mit ihm hinsetzen.

2) … indem wir mit dem Kind darüber reden, warum sich gerade in diesem Moment alles so schwierig anfühlt.

Zielsetzung:

Während der Woche soll für Kinder die Zeit vor dem Computer auf eineinhalb Stunden pro Tag beschränkt sein.

WIR ERREICHEN DIESES ZIEL …

1) … indem wir an Werktagen eine feste eineinhalbstündige Computerzeit einführen.

2) … indem wir dafür offen sind, dass die Computerzeit am Wochenende verlängert werden kann.

GEWOHNHEIT 3:

Das Kind spielt jeden Tag drei bis vier Stunden lang am Computer.

Im Gespräch erwähnt das Kind, dass es gerne mal Badminton ausprobieren würde. Es wird daher vereinbart, dass das Kind im örtlichen Badmintonklub eine Probestunde besucht. Außerdem wird für die Werktage eine Bildschirmzeit von eineinhalb Stunden vereinbart – mit der Möglichkeit zur Verlängerung, wenn das Kind vorher körperlich sehr aktiv war, also zum Beispiel draußen Ball gespielt hat oder Radfahren war.

GEWOHNHEIT 4:

Das Kind wird vier- bis fünfmal pro Woche mit einem Eis getröstet.

Wenn Sie Ihr Kind immer wieder mit Süßigkeiten trösten, entsteht in seiner Vorstellung und Empfindung mit der Zeit eine stabile Verbindung von Süßigkeit und Trost. Diese Verbindung kann bis weit ins Erwachsenenalter weiterbestehen und eine Grundlage für Gewohnheiten bilden. Trostessen wird zu einem Weg, mit belastenden Emotionen umzugehen. Aus diesem Grund sollte das beschriebene Muster so früh wie möglich durchbrochen werden. Die Eltern dürfen nicht mehr regelmäßig mit Essen trösten, sondern sollten sich mehr Zeit für Ihr Kind nehmen und seine Erlebnisse mit ihm besprechen. Wenn sich die Eltern auf das Gespräch und das Miteinander konzentrieren, wird das Kind irgendwann keine Süßigkeiten zum Trost mehr brauchen.

Zielsetzung:

Mama soll im Laufe eines Arbeitstags nur noch einen einzigen Caffè Latte trinken.

WIR ERREICHEN DIESES ZIEL ...

1) ... indem Mama jeden weiteren Caffè Latte durch Tee ohne Zucker und Milch ersetzt.

GEWOHNHEIT 5:

Mama trinkt im Laufe eines Arbeitstages drei große Caffè Latte mit Vollmilch und Zucker.

Diese drei Caffè Latte schlagen mit ungefähr 750 Kalorien pro Tag zu Buche. Ersetzt man die Vollmilch durch teilentrahmte Milch und den Zucker durch eine Süßstofftablette, sind es bei drei Caffè Latte noch 310 Kalorien. Reduziert man aber die Anzahl der Caffè Latte auf nur noch einen am Tag, werden täglich 500 Kalorien eingespart, auch wenn man Vollmilch und Zucker beibehält. Bei 250 Arbeitstagen im Jahr entspricht dies insgesamt einer Ersparnis von 125 000 Kalorien, aus denen sich 16 Kilogramm Fettgewebe entwickeln könnten.*

* Dies ist zwar nur eine sehr theoretische Berechnung, zeigt aber doch, dass schon in kleinen Gewohnheitsänderungen großes Potenzial liegt.

Zielsetzung:

Papa soll sich nach dem regulären Abendessen mit einer Handvoll Chips oder einem Stück Knäckebrot mit zwei Scheiben Käse begnügen.

WIR ERREICHEN DIESES ZIEL ...

1) ... indem Papa nur noch eine Tüte Chips pro Woche kauft.

2) ... indem Papa schon zum Abendessen eine halbe Handvoll Proteine zusätzlich isst.

GEWOHNHEIT 6:

Papa isst fast jeden Abend noch eine Tüte Chips.

Papa hat herausgefunden, dass er nur Lust auf Chips hat, weil er beim Abendessen nicht ganz satt wird. Außerdem denkt er nicht wirklich darüber nach, wenn er diese Chips isst. Es liegt sowieso immer eine 170-Gramm-Tüte im Schrank, die er schon fast automatisch mit zum Sofa nimmt und beim Fernsehen futtert. Dabei schmeckt ihm eigentlich nur die erste Handvoll Chips wirklich gut. Er beschließt daher, jeden Abend auch nur eine Handvoll Chips zu essen. Das entspricht einer Tüte pro Woche, und die Kalorien von sechs Tüten werden jede Woche eingespart. Um Hunger zu vermeiden, möchte Papa beim Abendessen eine zusätzliche halbe Handvoll Proteine essen, die 100 Kalorien ausmachen. An ein paar Abenden pro Woche wird er außerdem die Chips durch ein Stück Knäckebrot mit zwei Scheiben Käse ersetzen, was etwa so viele Kalorien hat wie die Handvoll Chips. Er spart pro Woche 3800 Kalorien ein, also annähernd 200 000 Kalorien im Jahr. Daraus könnten sich 26 Kilogramm Fettgewebe bilden.*

Zielsetzung:

Unterwegs im Auto sollen keine Süßigkeiten gegessen werden

WIR ERREICHEN DIESES ZIEL …

1) … indem wir auf kurzen Fahrten von weniger als einer Stunde nichts essen.

2) … indem wir eine Tüte Obst oder Gemüse mitnehmen, wenn die Fahrt zwischen einer und zwei Stunden dauert.

3) … wir ein Lunchpaket mitnehmen, wenn die Fahrt länger als zwei Stunden dauert.

GEWOHNHEIT 7:

Wann immer die Familie mit dem Auto unterwegs ist, werden nach kurzer Zeit aus einem „Lager" in der Mittelkonsole Süßigkeiten ausgeteilt.

Die Familienmitglieder einigen sich darauf, dass sie versuchen wollen, auf Süßes unterwegs komplett zu verzichten. Sie wollen sich ab jetzt auf eine gute Ernährung konzentrieren, bei der die Esskisten richtig gefüllt sind und der Inhalt satt macht. Zunächst einmal wird die Familie aber auf kurze Fahrten Obst und Gemüsesticks mitnehmen und bei längeren Fahrten ein vorher zusammengestelltes Lunchpaket für alle.

Zielsetzung:

Am Freitag, Samstag und Sonntag soll die Kalorienmenge beim Abendessen reduziert werden.

WIR ERREICHEN DIESES ZIEL …

1) … indem jeder nur noch ein oder zwei Gläser Limonade, Bier oder Wein trinkt.

2) … indem wir uns eine Portion Pommes frites teilen.

3) … indem wir mehr Gemüse essen.

4) … indem wir zumindest ein Abendessen gemeinsam zubereiten.

GEWOHNHEIT 8:

Die Familie hat eine Parzelle auf einem Campingplatz, und dort gibt es am Wochenende zum Abendessen immer Fast Food, Bier, Wein und Limonade.

Die Familie vereinbart, am Abend nur noch ein bis zwei Gläser Limonade, Bier oder Wein zu trinken. Alle weiteren Getränke sollen kalorienfrei sein. Sie werden versuchen, gemüselastigeres Fast Food zu essen. Daher kaufen sie zum Beispiel eine Tüte mit fertigem Salat zum Burger, oder sie bestellen sich nicht länger eine Portion Pommes pro Person, sondern teilen sich alle zusammen eine. Außerdem setzen sie sich das Ziel, mindestens einmal das Abendessen gemeinsam selbst zuzubereiten, wenn sie am Wochenende auf dem Campingplatz sind.

Jeans

"SAY YES"

Foto: Fotgraf Anja

So haben wir es geschafft

Vier Familien erzählen

Foto: Mads Krabbe

Foto: Fotgraf Anja

Ich werde Ihnen auf den nächsten Seiten vier Familien vorstellen, die mithilfe des Handvoll-Prinzips erfolgreich ihre Gewohnheiten geändert haben. Trotz ihres jeweils unterschiedlichen Ansatzes hatten sie alle den Wunsch nach einem gesunden Lebensstil, der für sie als Familie funktioniert und ihr Zusammenleben bereichert.

Bevor sie begannen, sich mit dem Handvoll-Prinzip zu beschäftigen, waren bei allen vier Familien Lebensmitteleinkauf und Essenszubereitung nicht gut strukturiert. Darum landeten sie allzu oft bei dem, was sie selbst „Hoppla-Hopp-Lösung", „schnelles Essen aus dem Gefrierschrank" oder „Schauen-wir-mal-was-im-Kühlschrank-ist" nannten. Konkret bedeutete das Tiefkühlpizza, Toast und Reste aus dem Kühlschrank, von denen keiner so richtig satt wurde. Nach kurzer Zeit meldete sich der Hunger wieder, der dann durch schnellen Zuckerkonsum in Form von Kuchen, Süßigkeiten und Limonade gestillt wurde.

Alle vier Familien berichteten, dass es für sie eine Erleichterung bedeutete, als sie begannen, den Einkauf und die Essenszubereitung besser zu strukturieren. Die erkennbare Struktur setzte Kräfte frei, weil der für alle klare Plan, der stets zeigte, was es zum Essen geben würde, den Familienmitgliedern Sorgen nahm.

Die vier Geschichten zeigen auch auf, wie unterschiedlich der Zugang zum Handvoll-Prinzip sein kann – und welch großartige Ergebnisse sich damit erzielen lassen.

Im ersten Bericht lernen Sie Familie Trabjerg kennen. Mama Rikke und zwei der drei Söhne, Nikolaj und Kasper, haben zusammen mehr als 80 Kilogramm abgenommen. Rikke erzählte mir mit bewegenden und offenherzigen Worten von ihrem Ziel, Verantwortung übernehmen zu wollen. Das galt sowohl für ihre Ehe, die sich vor der Umstellung auf das Handvoll-Prinzip am absoluten Nullpunkt befand, als auch für ihre eigene Gesundheit und die ihrer Kinder. In dem Bericht ist die Veränderung, die Rikke erlebte, enorm intensiv zu spüren, und auch zwei der Söhne erzählen eindringlich von ihrer Gewichtsabnahme.

Bei Familie Lindgaard erzählen die Mutter Winnie und Tochter Manja von ihren Erfahrungen. Die beiden haben die Initiative ergriffen und ihre Ernährungsgewohnheiten geändert, um so Kontrolle über ihr Gewicht zu erlangen.

Die Berichte geben auch einen Einblick in die Probleme, die entstehen, wenn man unter normalgewichtigen Geschwistern ein Kind mit Übergewicht hat. Winnie und Manja erzählen, wie man Übergewicht thematisieren und den notwendigen Kurswechsel vornehmen kann, ohne die Selbstwahrnehmung des Kindes zu schädigen.

Die Familie Østerlund unterscheidet sich ein wenig von den anderen drei Familien. Sie wohnte zum einen vorübergehend in den USA, und zum anderen war keines der Familienmitglieder übergewichtig. Sie hat sich aber für das Handvoll-Prinzip entschieden, um einen Leitfaden für gesunde und vernünftige Ernährung zu haben, weil sich auch ins Leben dieser Familie einige schlechte Essgewohnheiten eingeschlichen hatten. Mama Dorthe befürchtete zudem, dass die US-amerikanischen Fast-Food-Verlockungen und Oversize-Portionen die ungesunden Aspekte der Familienernährung noch verstärken könnten. Deshalb nahm sie ein neu erworbenes Buch über das Handvoll-Prinzip mit über den Atlantik und beschloss, seinen Inhalt als Leitlinie für einen gesunden Lebensstil für die ganze Familie zu nutzen.

Bei Familie Stephansen erzählen Betina und ihr Sohn Oliver, wie sie von einem Tag auf den anderen nach dem Handvoll-Prinzip zu leben begannen. Heutzutage stehen beide zusammen in der Küche und bereiten das Essen gemeinsam zu. Darüber hinaus haben beide für sich einen aktiven Lebensstil mit viel Sport entdeckt, der Oliver kaum noch Zeit lässt, am Computer zu spielen.

Auf die Berichte aus den vier Familien folgt ein Abschnitt, in dem ein Teil der Gewohnheiten dieser Familien und der Herausforderungen, vor denen sie standen oder stehen, mit der Hilfe der Psychologin Lotte Quist Michaelsen genauer betrachtet werden. Viele der geschilderten Probleme sind nämlich recht typisch und tauchen nicht selten auch in anderen Familien auf. Lotte Quist Michaelsen gibt Ratschläge, wie man mit den jeweiligen Herausforderungen umgeht und sie bewältigt. Vielleicht fühlen auch Sie sich durch ihre Tipps besser gerüstet.

Foto: Mads Krabbe

FAMILIE TRABJERG

RIKKE, 39 Jahre, arbeitet als Sozial- und Krankenpflegehelferin in einem privaten Pflegeheim.

BRIAN, 37 Jahre, arbeitet als Anlagentechniker.

NIKOLAJ, 13 Jahre, geht in die 7. Klasse.

KASPER, 11 Jahre, geht in die 5. Klasse.

LUKAS, 5 Jahre, geht in den Kindergarten.

Familie Trabjerg

„Vorher waren wir eine träge Familie ohne viel Unternehmungsgeist. Jetzt sind wir eine aktive und glückliche Familie, die gerne zusammen Zeit verbringt."

UNSERE GEWOHNHEITEN VOR DEM HANDVOLL-PRINZIP

RIKKE: An Werktagen ließ ich Frühstück und Mittagessen ausfallen. Wenn ich dann gegen 14:30 Uhr von der Arbeit kam, war ich enorm hungrig, und alles lief aus dem Ruder. Im Grunde begann es bereits auf dem Heimweg, wenn ich mit extrem niedrigem Blutzuckerwert zum Einkaufen ging. Ich kam mit lauter Essen nach Hause, das nur dazu diente, den Hunger nach Zucker schnell zu befriedigen – Naschzeug, Schokolade, Kuchen, Weißbrot.

Auf dem Weg vom Supermarkt aß ich im Auto schon mal einen bis zwei Schokoriegel und zu Hause dann in der Regel drei Scheiben Roggenbrot mit Belag. Das Sättigungsgefühl hielt aber nicht lange an, also naschte ich noch vor dem Abendessen weitere Süßigkeiten oder Kuchen, die wir immer im Haus hatten. Das Ganze spülte ich mit zuckerhaltiger Limonade hinunter.

Zum Abendessen gab es im Grunde ganz „normale" Sachen: Frikadellen, Bratwurst, Nudeln und ganz oft Pizza – ich aß häufig drei Portionen.

GEWICHTSABNAHME

RIKKE:

GRÖSSE: 168 cm

KÖRPERGEWICHT VORHER: 137 kg

KÖRPERGEWICHT JETZT: 79 kg

Sie möchte gerne weitere fünf bis sieben Kilogramm abnehmen. Auch ihre inzwischen überschüssige Haut hat ein nicht zu vernachlässigendes Gewicht.

BRIAN:

GRÖSSE: 189 cm

KÖRPERGEWICHT VORHER: 110 kg

KÖRPERGEWICHT JETZT: 100 kg

Rikke meint, Brian könnte vielleicht noch weitere fünf Kilogramm abnehmen.

NIKOLAJ:

GRÖSSE: 174 cm

KÖRPERGEWICHT VORHER: 90 kg

KÖRPERGEWICHT JETZT: 75 kg

Nikolaj möchte noch weitere fünf bis zehn Kilogramm abnehmen.

KASPER:

GRÖSSE: 165 cm

KÖRPERGEWICHT VORHER: 85 kg

KÖRPERGEWICHT JETZT: 68 kg

Auch Kasper möchte wie Nikolaj noch weitere fünf bis zehn Kilogramm abnehmen.

Rikke vor der Gewichtsabnahme zusammen mit ihrem inzwischen verstorbenen Vater Erik

Zwar stellte ich fast immer auch Gemüse auf den Tisch, aber ich war die Einzige, die davon aß. Wenn die Kinder im Bett waren, holten Brian und ich das Naschzeug raus, denn jetzt wollten wir es uns gemütlich machen und entspannen, und dazu gehörten für uns auch Süßigkeiten.

Ich hatte fast täglich Migräneanfälle und generell nur sehr wenig Energie und Antrieb. Mit Zucker schaffte ich es, den Nachmittag über zu funktionieren, aber eigentlich wartete ich nur darauf, dass die Kinder endlich im Bett waren, damit ich mich aufs Sofa fallen lassen konnte.

Seit meiner Kindheit gehörten Liebe und Süßigkeiten zusammen. Mein Vater drückte seine Zuneigung immer mit Naschzeug und Kuchen aus. Ganz egal, ob es um Trost, Anerkennung, Fürsorge oder andere positiv besetzte Gefühle ging, sie waren von Süßem begleitet. Dieses Muster hatte ich übernommen und war gut zu mir und meinen Kindern, indem ich mich selbst und unsere Jungen mit Kuchen, Süßigkeiten und Broten mit Nuss-Nugat-Creme verwöhnte.

Im Juli 2016 hatte ich schließlich einen Tiefpunkt erreicht. Das Verhältnis zwischen Brian und mir war zu diesem Zeitpunkt so schlecht, dass wir beschlossen hatten, uns zu trennen. Ich wog zu diesem Zeitpunkt 130 Kilogramm, und mit einem solchen Gewicht fiel es mir schwer, mich selbst zu mögen. Wenn man sich aber selbst nicht mag, kann man auch keine Liebe an andere weitergeben. Mein Mann und ich waren nur noch eine Zweckgemeinschaft, bei der es einzig um das Wohl der Kinder ging.

Wenn die Kinder nicht da waren, ließen wir uns getrennt voneinander aufs Sofa fallen, und der Keksteller stand fast wie eine physische Barriere zwischen uns. Mir ging es enorm schlecht, und ich sah keine Lösung für meine Probleme.

Eines Tages brach ich vor meiner Kollegin Camilla zusammen, die in der Folgezeit für unsere ganze Familie so wichtig wurde, dass wir sie heute unseren Engel nennen. Sie durchschaute mich und überschüttete mich nicht gerade mit Mitleid. Im Gegenteil, sie legte ihren Finger in die Wunde, dorthin, wo es am meisten schmerzte, und forderte mich auf, etwas gegen meine Probleme zu unternehmen. Sie gab mir aber auch gute und konstruktive Ratschläge, die in mir etwas in Gang setzten. Sie weckte in mir einen Kampfgeist, von dessen Existenz ich bis dahin gar nichts gewusst hatte. Ich ging nach Hause zu Brian und sagte zu ihm, dass der Zeitpunkt gekommen sei, unser Leben umzukrempeln – mithilfe des Handvoll-Prinzips, von dem ich im Fernsehen gehört hatte. Zum Glück war Brian einverstanden, und wir beschlossen, auch unserer Ehe noch eine Chance zu geben. Dafür bin ich bis heute unendlich dankbar.

NIKOLAJ: Bevor wir mit der Umsetzung des Handvoll-Prinzips anfingen, habe ich den Tag immer mit ein paar Portionen Haferflocken mit ganz viel Zucker begonnen. In die Schule habe ich ein Roggenbrot mit viel Butter und Leberpastete mitgenommen. Gemüse habe ich nicht angerührt. Wenn ich von der Schule nach Hause kam, habe ich erst mal jede Menge Weißbrot mit Nuss-Nugat-Creme gegessen. Kasper und ich bekamen so viel Nuss-Nugat-Creme, dass ich glaube, die Fabrik musste inzwischen wohl schließen – wir essen mittlerweile nämlich gar keine mehr.

Nikolaj und Kasper vor ihrer Gewichtsabnahme

Brian und Rikke mit Lukas vor ihrer Gewichtsabnahme

Wenn ich meine Brote mit Nuss-Nugat-Creme gegessen hatte, ging es für den Rest des Nachmittags mit Süßigkeiten, Kuchen und Limo vor meinem Computer weiter.

KASPER: Ich habe früher ungefähr das Gleiche gegessen wie Nikolaj – viele Brote mit Nuss-Nugat-Creme und Kuchen am Nachmittag – und dazu immer Limonade getrunken. Ich war es gewohnt, dass immer Kuchen und Süßigkeiten im Haus waren und wir davon so viel nehmen durften, wie wir wollten. Wenn dann Zeit fürs Abendessen war, war ich trotzdem immer hungrig. Nikolaj und ich aßen immer so viel, wie wir nur konnten. Es gab keine Einschränkungen, und wir fühlten uns oft erst nach zwei bis drei großen Portionen satt. „Fredagsslik", das bei uns typische Freitagsnaschwerk, gab es in unserer Familie nicht nur jeden Freitag, sondern auch samstags und sonntags – also eigentlich jeden Tag.

UNSERE NEUEN GEWOHNHEITEN

RIKKE: Am 1. Januar 2017 schickte ich Camilla, unserem Engel, eine SMS. Darin schrieb ich ihr, ich würde jetzt anfangen, unser Leben umzukrempeln. Ihre Antwort kam sofort: „Ich sorge dafür, dass ihr durchhaltet, wenn's schwer wird." Fortan wollten wir unbedingt beweisen, dass es uns ernst war. Mit Beharrlichkeit machten wir uns ans Werk. Alles Ungesunde flog raus: Limonade, Kuchen, Schokolade, Chips, Süßigkeiten, Nuss-Nugat-Creme und Weißbrot – weg damit!

Brian und ich hatten im Vorfeld auch mit unseren Jungs darüber gesprochen, dass wir unsere Ernährungsgewohnheiten ändern wollten, dass wir gesünder und schlanker werden wollten und Gewicht verlieren mussten. Anfangs waren die Jungs mit Eifer dabei. Aber als das Neue zum Alltag wurden, merkten sie, dass ihre lieb gewonnenen Gewohnheiten komplett auf den Kopf gestellt wurden.

Nikolaj und Kasper mit Lukas vor der Gewichtsabnahme

Rikke nach ihrer Gewichtsabnahme

Die beiden vermissten ihre Nuss-Nugat-Creme, das Popcorn, die Chips und sonstige Süßigkeiten sehr. Am Anfang war es schwer für mich, nicht nachzugeben. Beide waren es überhaupt nicht gewohnt, von mir oder ihrem Vater ein Nein zu hören. Es fiel mir gerade deshalb so schwer, ihnen ihre Wünsche abzuschlagen, weil Liebe und gutes Essen für mich seit meiner Kindheit eng miteinander verbunden waren. Ich hatte das Gefühl, sie mit meinem Nein im Stich zu lassen. Trotzdem blieb ich hart, denn mir war klar, dass wir unser Leben ändern mussten, wenn wir mit unserem Übergewicht nicht unsere Gesundheit aufs Spiel setzen wollten. Ich musste mich sozusagen selbst überzeugen, dass ich genau dann eine gute Mutter war, wenn ich beim Essen Nein sagte. Obwohl ich immer befürchtet hatte, das Rückgrat ein Regenwurms zu haben, gelang es mir – und auch Brian –, standhaft zu bleiben und unseren Lebensstil zu ändern. Ganz langsam zeigten sich sowohl bei mir selbst als auch bei Brian und den Jungen Veränderungen. Unsere Familie ist der Beweis dafür, dass es jedem gelingen kann, wenn nur der Wille da ist.

Brian und mir ging es auch als Paar bald besser. Das Handvoll-Prinzip gab mir neue Energie, und das färbte auf unsere Beziehung ab. Wir hatten ein gemeinsames Projekt und merkten schnell, wie gut wir bei der Etablierung unserer neuen Gewohnheiten kooperierten. Wir hatten wieder Lust, Zeit zusammen zu verbringen, und fühlten uns sehr wohl dabei. Das hatten wir schon lange nicht mehr erlebt.

Ich gebe aber auch gerne zu, dass es gerade am Anfang schwer war. Nachdem ich von einem unregelmäßigen Essverhalten aus vielen Snacks vom frühen Nachmittag bis zum späten Abend zu einer festen Struktur mit drei Mahlzeiten am Tag gewechselt hatte, fühlte ich mich oft sehr hungrig. Dann bemerkte ich jedoch sehr schnell, dass meine Blutzuckerwerte sich stabilisierten. Zudem verschwand meine Migräne, und mein Energielevel nahm deutlich zu – zusammen mit meinem Selbstwertgefühl.

Mit der Zeit war es nicht mehr das Essen, das mich beherrschte, sondern ich hatte die Kontrolle darüber, was ich zu mir nahm, und das fühlte sich richtig gut an. Ich kann heute kaum noch nachvollziehen, dass mir der Zusammenhang zwischen meiner ungesunden Ernährungsweise, meinem mangelnden Wohlbefinden und der Migräne so wenig bewusst war. Im Rückblick erscheint mir das alles schlüssig, aber damals saß ich zu tief im Schlamassel, um die Verbindung zu erkennen.

Jetzt essen wir drei Mahlzeiten am Tag. Zum Frühstück essen wir meistens alle das Gleiche, oft Haferflocken mit Milch und ohne Zucker. Beim Mittagessen gibt es immer viel Gemüse und Proteine. Das Essen folgt dem Esskistenmodell des Handvoll-Prinzips. Beim Abendessen isst jeder von uns nur eine Portion, die allerdings nicht als fertige Portion serviert wird. Das gesamte Essen steht auf dem Tisch, wie wir es immer gemacht haben, und es ist im Grunde auch das gleiche Essen wie früher, nur dass wir es jetzt anders aufteilen.

Gemüse serviere ich immer in kleinen Schüsseln, aus denen jeder das nehmen kann, was er am liebsten mag. Am beliebtesten sind Paprikaschoten, Karotten, Gurken und Tomaten. Zu Beginn der Umstellung habe ich sehr auf die Zusammenstellung der Teller geachtet. Kasper mag zum Beispiel Nudeln so gerne, dass er anfangs einen Berg Nudeln auf seinem Teller anhäufte und nur ganz wenig Gemüse und

Brian nach seiner Gewichtsabnahme

Fleisch dazu nahm. Wir mussten also noch einmal über die Aufteilung sprechen und sie etwas anpassen. Nikolaj ist nicht so versessen auf Kohlenhydrate, er hat von Anfang an viel Fleisch und Gemüse genommen. Heute haben beide das Handvoll-Prinzip so sehr verinnerlicht, dass ich mich überhaupt nicht mehr darum kümmern muss.

Süßigkeiten haben wir früher geradezu hemmungslos verschlungen. Heute ist der Freitag unser „Hygge-Tag" und der einzige Tag, an dem wir Süßigkeiten essen. Dabei ist es interessant zu beobachten, dass wir gar nicht mehr

Nikolaj und Kasper nach der Gewichtsabnahme

Foto: Mads Krabbe

so viel Süßes essen können wie früher. Wir haben schnell genug davon und fühlen uns unwohl. Uns wird sogar übel, und wir bekommen Bauchweh, wenn wir zu viel davon essen. Das bremst einen übermäßigen Verzehr automatisch.

Wenn wir heute den „Fredagsslik" verteilen und etwas übrig bleibt, räumen wir die Reste konsequent weg und holen sie erst eine Woche später am nächsten Freitag wieder hervor. Da gibt es keine Ausnahme.

NIKOLAJ: Anfangs war es schon schwer, unsere Gewohnheiten zu ändern. Wenn Mama am Abend Dienst hatte, riefen wir sie an und fragten, ob wir uns Popcorn oder etwas anderes Leckeres kaufen dürften. Sie sagte jedes Mal Nein, und das waren wir nicht gewohnt. Ich war ziemlich sauer auf sie, denn ich fand das kleinlich. Aber ich habe mich schnell daran gewöhnt, und heute frage ich überhaupt nicht mehr nach Süßigkeiten und Kuchen.

Zu Beginn war ich auch oft hungrig, weil ich es gewohnt war, den ganzen Tag zu essen und mir einfach etwas zu nehmen, wenn ich Appetit verspürte – also eigentlich immer. Auch an einem der ersten Abende, an denen wir nach dem Handvoll-Prinzip gegessen haben, wollte ich mir eine zweite Portion nehmen. Aber meine Mutter griff ein, und ich musste den Teller wegstellen, ohne die zweite Portion zu essen. Das war hart für mich, aber heute habe ich mich daran gewöhnt und fühle mich nach der ersten Portion satt.

Noch immer ist Freitag unser „Hygge-Tag", an dem es Pfannkuchen und Süßigkeiten gibt. Ich habe aber meistens schnell genug und kann gar nicht mehr so viel Süßkram essen. Ein paar Mal habe ich noch versucht, dann richtig viel Süßes zu essen, aber es ging mir danach immer schlecht. Ich konnte nicht gut einschlafen, weil mir übel war und ich Bauchweh hatte.

Früher saß ich jeden Nachmittag vor meinem Computer. Das mache ich jetzt nicht mehr so oft. Dafür spiele ich Badminton. Ich habe heute viel mehr Energie als früher.

KASPER: Unsere Eltern haben zuerst mit uns darüber gesprochen, die Essgewohnheiten der Familie zu ändern. Für mich war das in Ordnung, weil ich auch gerne abnehmen wollte. Trotzdem war es am Anfang ein bisschen schwierig. Plötzlich war kein Zucker mehr für die Haferflocken da, und am Nachmittag gab es keine Brote mit Nuss-Nugat-Creme mehr. Außerdem sollten wir plötzlich jede Menge Gemüse essen. Jeden Abend stellte Mama Schüsseln mit Gemüse für uns auf den Tisch, und ich bekam auch Gemüse mit in die Schule. Bis dahin konnte ich Gemüse nicht leiden, aber das änderte sich langsam. Heute mag ich vor allem rote Paprika. Das ist das Gemüse, von dem ich am meisten esse.

Ich merke deutlich, dass ich jetzt ganz anders satt werde als früher. Ich bin inzwischen auch viel aktiver. Ich fahre Fahrrad und habe insgesamt viel mehr Energie.

DESHALB FUNKTIONIERT DAS HANDVOLL-PRINZIP FÜR UNSERE FAMILIE

RIKKE: Das Handvoll-Prinzip funktioniert für uns so gut, weil es so einfach umzusetzen ist.

Nachdem ich den Entschluss gefasst hatte, dass es an der Zeit war, die überflüssigen Pfunde der Familie loszuwerden, versuchte ich es mit verschiedenen Diäten, aber keine davon brachte etwas. Glücklicherweise hatte ich im Fernsehen etwas über das Handvoll-Prinzip gesehen, und das hörte sich für mich recht einfach an. Man musste weder das Essen wiegen noch Kalorien zählen – beides hätte in unserer Familie niemals funktioniert. Bei dieser Methode aber würden wir nur unsere Hände benutzen, und ich konnte mir gut vorstellen, dass sie für uns geeignet wäre. Ich kaufte die Bücher und meldete mich bei der Facebook-Gruppe an, so konnten wir ganz einfach und unkompliziert einsteigen.

NICOLAJ UND KASPER: Das Handvoll-Prinzip passt gut für Kinder, weil auch Platz für „Fredagsslik" und hin und wieder auch für ein Stück Kuchen ist. Ansonsten können wir weiterhin die Sachen essen, die wir immer gegessen haben, nur die Aufteilung auf dem Teller ist natürlich ganz anders als früher. Es war für uns gar keine so große Veränderung, weil wir das Essen selbst ja schon kannten. Wir fanden es alle recht einfach, mit dem Handvoll-Prinzip anzufangen.

DAS HAT UNS DAS HANDVOLL-PRINZIP GEBRACHT

RIKKE: Vor elf Monaten, als wir angefangen haben, das Handvoll-Prinzip umzusetzen, hat unsere Familie zusammen mindestens 80 Kilogramm mehr gewogen als heute. Es ist unglaublich, wie viel in der Zwischenzeit passiert ist. Ich sollte immer noch fünf bis sieben Kilogramm abnehmen und die Jungs jeweils fünf bis zehn Kilogramm, aber wir sind auf einem guten Weg. Wenn Nikolaj im Mai konfirmiert wird, wollen wir unser jeweiliges Wunschgewicht erreicht haben.

Die Änderung unserer Essgewohnten brachte allgemein große Veränderungen für unsere Familie mit sich. Wir führen ein ganz anderes Leben und sind von einer unbeweglichen, trägen Familie ohne Initiative und Unternehmungsgeist zu einer aktiven und glücklichen Familie geworden, die gerne etwas zusammen unternimmt.

Vor Kurzem waren wir alle fünf im Freizeitpark Lalandia. Früher hätten wir bei einem solchen Kurzurlaub viele Süßigkeiten, Kuchen und Fast Food gegessen und wären nicht besonders aktiv gewesen. Wir hätten zwar auch das Schwimmbad besucht, wären dort aber eher mit dem Futtern von Pommes frites als mit Schwimmen beschäftigt gewesen. So war es dieses Mal nicht, wir unternahmen an allen Tagen richtig viel. Wir spielten Badminton, benutzten die Sommerrodelbahn, schwammen und tobten im Spielland. Wir waren auch viel draußen auf den Spielplätzen und Hüpfburgen, und

Rikkes Kollegin Camilla war in der Abnehmphase eine große Unterstützung.

Foto: Mads Krabbe

Rikke und Brian verstehen sich jetzt auch als Paar viel besser.

an einem Tag haben wir das Legoland besucht. Wir hatten viel Spaß zusammen und haben viel gelacht.

Es war für uns eine ganz neue Erfahrung, zusammen so aktiv zu sein. Bewegung und Sport gehörten in der Zeit davor nicht zu unserem Alltag. Brian geht seit vielen Jahren einmal pro Woche zum Hockey, aber das war es dann auch. Er spürt inzwischen einen deutlichen Unterschied, er kann auf einmal laufen, ohne müde zu werden und Seitenstechen zu bekommen. Brian war nie wirklich übergewichtig, hat aber durch die Änderung unseres Lebensstils auch knapp zehn Kilogramm abgenommen.

Natürlich hat es einen Einfluss auf Brians Körper und Geist, dass er leichter geworden ist und sich gesünder ernährt. Brian ist froh über die Veränderungen, die das Handvoll-Prinzip mit sich gebracht hat. Seine Frau ist besser gelaunt, und die Kinder sind fröhlicher.

Auch im Verhalten der Jungen hat sich viel verändert. Nicolaj war früher ein ziemlicher Hitzkopf und bekam heftige

Wutausbrüche. Das passiert heute nur noch äußerst selten. Andererseits war er gelegentlich auch sehr niedergeschlagen. Heute ist er fast immer fröhlich und gelassen. Durch den stabilen Blutzuckerwert hat er allgemein ein gesteigertes Wohlbefinden – und genau das möchte man als Eltern natürlich gerne sehen.

Ich selbst habe sehr viel mehr Selbstvertrauen als früher. Es ist ein gutes Gefühl, die Verantwortung für uns übernommen zu haben. Zuvor war alles sehr chaotisch, und ich wusste, dass wir auf einem falschen Kurs waren. Ich wusste nur nicht, wie ich ihn ändern sollte.

Man kann es drehen und wenden, wie man will, es liegt in unserer Verantwortung als Eltern, dass unsere Kinder gutes und gesundes Essen bekommen und nicht übergewichtig werden. Jetzt, da ich diese Verantwortung auch wirklich übernommen habe, merke ich, wie gut sich das anfühlt.

In dem Maße, in dem die Pfunde purzelten, fing ich an, mich selbst wieder zu mögen. Ich habe sowohl äußerlich als auch innerlich eine riesige Veränderung erlebt. Ich bin so glücklich darüber, dass Brian und ich ein Vorbild für unsere Kinder sein können. Sie haben jetzt Eltern, die sich lieben und gerne zusammen sind. Dass wir praktisch wieder wie frisch verliebt sind, ist einfach wundervoll für uns alle. Ich bekomme von vielen Menschen positive Rückmeldungen. Eine Gewichtsabnahme von einem Zentner ist natürlich auch ganz schön viel, und mein Aussehen hat sich entsprechend verändert. Manchmal erkennen mich die Leute gar nicht, und wenn sie es dann tun, sind sie sehr interessiert an dieser Wandlung. Ein kurzer Einkauf im Supermarkt kann sich jetzt ziemlich hinziehen, weil ich immer wieder jemanden treffe, der mit mir reden und wissen möchte, wie wir es geschafft haben, so abzunehmen. Obwohl es Zeit kostet und mich manchmal auch etwas überwältigt, ist das sehr schön für mich, denn ich möchte anderen sehr gerne helfen.

Ich habe mittlerweile sogar den Mut gefasst, mich fachlich zur Sozial- und Gesundheitsassistentin weiterbilden zu lassen. Eine gesunde Lebensweise und das damit verbundene Abnehmen haben mehr Folgen, als man anfänglich glaubt. Ich bin heute stolz und glücklich, meinen Kindern gezeigt zu haben, wie man sein Leben verantwortungsvoll gestalten und seine Ziele erreichen kann.

Foto: Mals Krabbe

Wenn man einen so folgenschweren Beschluss fasst, wie unsere Familie es mit der radikalen Änderung ihres Lebensstils getan hat, kann es sein, dass die erste Zeit danach nicht einfach ist. Wir spürten zwar, dass wir richtig gehandelt hatten, konnten uns aber noch nicht vorstellen, wie es genau funktionieren würde. Inzwischen vertraue ich auch in anderen Bereichen meinem Bauchgefühl.

Wir haben die vielen Veränderungen, die sich eingestellt haben, nicht unmittelbar wahrgenommen. Sie sind ja nicht über Nacht geschehen, sondern haben sich erst allmählich entwickelt. Aber wenn wir heute das Ganze mit etwas Abstand betrachten, ist das Ausmaß des Wandels einfach unglaublich. Ich kann wirklich behaupten, dass das Handvoll-Prinzip unser gesamtes Leben verändert hat.

Ich möchte gerne anderen Familien mit unserem Beispiel Mut machen. Wenn wir unser Leben so ändern konnten, dann können Sie es auch! Ich hatte irgendwann kaum noch Hoffnung, dass eine Wendung zum Besseren möglich wäre – und doch ist es uns gelungen, das Steuer herumzureißen, und es hat sich gelohnt.

NIKOLAJ: Bevor ich abgenommen habe, kam ich beim Badminton schnell außer Atem. Nach kurzer Zeit schnaufte und stöhnte ich beim Laufen. Das war peinlich, und ich hatte das Gefühl, dass alle mich anstarrten. Heute habe ich viel mehr Ausdauer und komme nicht mehr so schnell außer Atem wie früher. Es ist ein gutes Gefühl, nicht mehr unangenehm aufzufallen und angestarrt zu werden. Auch meine Stimmungslage hat sich deutlich gebessert. Früher wurde ich öfter mal sehr wütend, aber das passiert mir heute nur noch ganz selten.

Dass sich mein Körper verändert hat, merke ich natürlich auch an der Kleidung. Es ist echt cool, dass ich nicht mehr wie früher in weiten Jogginghosen herumlaufen muss, sondern Jeans anziehen kann, die vier Nummern kleiner sind als früher.

KASPER: Wenn ich mit meinen Freunden spiele, merke ich, dass ich viel mehr Ausdauer habe als früher. In meiner Schule gibt es ein großes Gemüsebeet, um das ich früher nicht einmal komplett herumrennen konnte. Das war überhaupt nicht witzig, denn meine Freunde schafften das alle. Heute macht es mir überhaupt keine Probleme mehr, und das ist ein richtig gutes Gefühl.

Auch unsere Lehrer haben bemerkt, dass Nikolaj und ich so viel abgenommen haben. Sie sagen, das sei echt super, und finden es toll, dass wir durchhalten. Das macht mich stolz.

Bekannte von uns haben einen Sohn, der zu viel wiegt. Sie waren bei uns zu Besuch und wollten etwas über unsere neuen Gewohnheiten hören. Früher waren wir es, die Hilfe brauchten, und nun können wir anderen helfen – das ist wirklich cool!

Unsere besten Tipps

Rikke

Bevor man mit dem Handvoll-Prinzip startet, sollte man sich sicher sein, dass alle wirklich bereit sind, es zu versuchen, besonders wenn Kinder beteiligt sind. Hat man sich dazu entschlossen, muss man standhaft bleiben – auch wenn die Kinder mal der Meinung sind, sie hätten die blödeste Mama der Welt. Es ist nicht einfach, den eigenen Kindern etwas abzuschlagen und ihnen, wenn sie sich hungrig fühlen, eine zweite Portion zu verweigern. Natürlich sind sie sauer auf dich, wenn du Nein sagst. An diesem Punkt konsequent zu bleiben, kann enorm schwierig sein, aber man muss als Elternteil standhaft bleiben und konsequent die Verantwortung für die Änderung des Lebensstils übernehmen. Man muss es aushalten können, für eine gewisse Zeit die blöde Mama zu sein, und sich mit der Gewissheit trösten, dass man es zum Wohle der Kinder macht und sie es einem eines Tages ganz sicher danken werden.

Für uns hat gut funktioniert, dass wir weiterhin unsere gewohnten Gerichte gegessen haben. Auf diese Weise war die Veränderung nicht so groß, was die Akzeptanz besonders seitens der Jungen erhöht hat. Wir haben auch zugelassen, dass es an einem Tag in der Woche – dem Freitag – weiterhin alle möglichen Naschereien gibt. Süßigkeiten sind also nur an einem Tag in der Woche erlaubt, aber die Gewissheit, dass sie nicht vollkommen verboten sind, ist enorm wichtig. Plötzlich freuen sich alle richtig auf den „Hygge-Tag".

Sorgen Sie zunächst dafür, dass alle ungesunden Sachen aus dem Haus verschwinden. So gibt es am ohnehin schon schwierigen Anfang der gewünschten Entwicklung keine Verlockungen. Sie sollten im Gegenzug eine gute Auswahl gesunder Lebensmittel – wie Eier, Mandeln, Gemüse, Fleisch und so weiter – einkaufen, um so die Mahlzeiten gezielt vor- und zubereiten zu können.

FAMILIE LINDGAARD

WINNIE, 34 Jahre, arbeitet als Sozialarbeiterin in einem Wohnheim.

JESPER, 35 Jahre, studiert Pädagogik.

MAGNUS, 13 Jahre, geht in die 7. Klasse.

MANJA, 12 Jahre, geht in die 6. Klasse.

MIE, 9 Jahre, geht in die 2. Klasse.

Foto: Fotograf Anja

Familie Lindgaard

„Den Einkauf von Lebensmitteln und die Zubereitung der Mahlzeiten planen wir heute im Voraus. Das erspart uns viel Unsicherheit und unsinnige Extraeinkäufe."

UNSERE GEWOHNHEITEN VOR DEM HANDVOLL-PRINZIP

WINNIE: Bevor wir mit dem Handvoll-Prinzip anfingen, schafften wir es einfach nicht, unsere Einkäufe und Mahlzeiten zu planen. Für das Abendessen kauften wir fast täglich neu ein, meist erst am Nachmittag, wenn wir hungrig und entsprechend gierig nach Zucker waren. Dadurch landeten viel zu oft Dinge im Einkaufswagen, die wir überhaupt nicht brauchten: Schokolade, Biskuitschnitten sowie diverse andere Süßigkeiten. Unter der Woche ist bei uns immer viel los, und weil wir keinerlei Essensplanung betrieben, entschieden wir uns allzu oft für Tiefkühlpizza, Toast und andere Mahlzeiten, die wir zwar schnell und einfach zubereiten konnten, die aber keinen großen Nährwert hatten und kaum für längere Zeit satt machten. Eine Routine, die wir gewissenhaft einhielten, waren die Süßigkeiten am Freitag.

Wenn wir uns zwischendrin doch mal Zeit zum Kochen nahmen, bereiteten wir eigentlich immer vernünftiges Essen zu: viel Gemüse, Fleisch, Nudeln und Kartoffeln. Die Portionen waren aber sehr groß, und es gab zusätzlich viele Zwischenmahlzeiten. Auch wenn ein Teil unseres Essens wirklich gesund war, so war es doch einfach viel zu viel.

Ich habe unser Essen immer in der Küche in Portionen angerichtet, aber natürlich konnte jeder in die Küche

GEWICHTSABNAHME

WINNIE:

GRÖSSE: 163 cm

KÖRPERGEWICHT VORHER: 100 kg

KÖRPERGEWICHT JETZT: 84 kg

Winnie ist noch 19 Kilogramm von ihrem Wunschgewicht entfernt.

MANJA:

GRÖSSE VORHER: 151 cm

GRÖSSE JETZT: 163 cm

KÖRPERGEWICHT VORHER: 56 kg

KÖRPERGEWICHT JETZT: 60,3 kg

BMI VORHER: 24,6

BMI JETZT: 22,7

Manja ist bereits mehr oder weniger aus ihrem Übergewicht herausgewachsen, und da sie erst zwölf Jahre alt ist, wird sie sehr wahrscheinlich noch weiterwachsen.

JESPER, MAGNUS UND MIE
sind normalgewichtig.

Manja vor ihrer Gewichtsabnahme

gehen und sich ein zweites oder drittes Mal nehmen. Ich machte das beinahe jeden Tag.

Eines Tages gelangten wir an einen Punkt, an dem uns klar wurde, dass wir etwas unternehmen mussten, vor allem wegen Manja. Die Familie konnte sehen, dass Manja zu dick war. Aber es war nicht einfach, etwas zu sagen, schließlich war ich selbst übergewichtig. Manja hatte eigentlich schon seit ihrer Geburt Übergewicht. Wir hatten immer gedacht, das würde sich auswachsen, doch stattdessen wurde ihr Übergewicht immer ausgeprägter.

Manja hat sich immer wohlgefühlt und mochte sich selbst. Es war schwer, ihr zu sagen, dass sie zu dick war, sie war ja mit sich selbst und ihrem Aussehen zufrieden. Wenn wir das Thema

Winnie vor ihrer Gewichtsabnahme

ansprachen, erklärte sie unumwunden, sie finde sich selbst nicht dick. Es war ein großes Dilemma für uns, wir wollten ihr auf die bestmögliche Weise helfen, ohne ihr das Gefühl zu geben, sie sei „nicht gut genug“. Außerdem hatten wir ja auch noch zwei normalgewichtige Kinder, wie sollten wir also Manja helfen, ohne zwischen ihr und ihren Geschwistern einen Unterschied zu machen?

Es war eine schwierige Situation. Wir lösten sie, indem wir sowohl mit Manja als auch mit ihren Geschwistern ganz allgemein über das Thema Gesundheit sprachen. Anstatt uns auf Manjas überzählige Pfunde zu konzentrieren, machten wir also ein gemeinsames Projekt für die ganze Familie daraus, und das hat funktioniert. Dank unseres Arztes konnten wir im April 2016 an dem Projekt „Schritt für Schritt

Foto: Fotograf Anja

Manja nach ihrer Gewichtsabnahme

die Übergewichtstreppe hinunter" des Krankenhauses Südwestjütland teilnehmen. Zu diesem Zeitpunkt war Manja 1,51 Meter groß und wog 56 Kilogramm. Sie hatte einen BMI von knapp unter 25 und lag damit nach den BMI-Richtwerten für Kinder in der Kategorie Übergewicht. Gleichzeitig starteten wir nach einer Beratung mit dem Diätassistenten des Krankenhauses zu Hause die Ernährung nach dem Handvoll-Prinzip, über das ich schon einiges gelesen hatte. Ich hatte das Gefühl, diese Methode würde gut zu unserem bewegten Familienleben passen, und für Manja und mich wäre es verhältnismäßig einfach mitzumachen.

MANJA: Bevor wir mit dem Handvoll-Prinzip anfingen, aß ich richtig viel. Zum Frühstück gab es eine große Portion Haferflocken mit viel süßem Kakaopulver. Mein Pausenbrot für die Schule sah damals allerdings genauso aus wie heute: Vollkornbrötchen mit Salat, Wurst und Mayonnaise. Nach der Schule aß ich dann aber meistens noch mal zwei Scheiben Roggenbrot. Heute esse ich nur ein Stück Obst oder vielleicht eine halbe Scheibe Roggenbrot, wenn ich hungrig bin. Gemüse mochte ich immer gerne, eigentlich aß ich vorher sogar mehr Gemüse als heute. Das Problem war eben, dass ich insgesamt viel zu viel aß.

Die zusätzlichen Pfunde haben mich nie besonders gestört. Ich hatte immer viele Freundinnen und Freunde, war in der Schule beliebt und zufrieden mit mir.

Beim Sportunterricht habe ich allerdings schon gemerkt, dass ich zu viel wog, weil ich beim Laufen nicht immer mit den anderen mithalten konnte.

Als ich an dem Projekt im Krankenhaus teilnahm, sollte ich auf einer Skala von eins bis zehn ankreuzen, wie zufrieden ich mit meinem Körper war. Ich machte mein Kreuz bei der Zwei, also war ich vielleicht doch nicht ganz so zufrieden, wie ich immer behauptete. Heute würde ich bei dieser Frage die Zehn ankreuzen, es hat sich definitiv etwas verändert.

Mir war selbst aufgefallen, dass ich dicker war als viele andere, und als mir das bewusst wurde, mochte ich meinen Körper eine Zeit lang überhaupt nicht. Allerdings dachte ich eigentlich gar nicht über den Zusammenhang zwischen meinem Gewicht und meinen Essensgewohnheiten nach. Erst als ich anfing, mit meinen Eltern über gesundes Essen und gesunde Gewohnheiten zu sprechen, änderte sich das allmählich.

UNSERE NEUEN GEWOHNHEITEN

WINNIE: Die größte Veränderung liegt darin, dass wir heute unsere Mahlzeiten und Einkäufe immer im Voraus planen. Das ist wirklich eine Erleichterung, so müssen wir nicht mehr improvisieren und kaufen nicht alle möglichen Sachen, die wir gar nicht brauchen. Grundsätzlich habe ich jedoch schon das Gefühl, dass wir für unsere Ernährungsumstellung nach dem Handvoll-Prinzip zumindest ein gutes Fundament hatten.

Wir hatten bereits vorher einige gute Essgewohnheiten, zum Beispiel aßen wir jeden Tag gemeinsam, und Gemüse war immer schon ein wichtiger Teil unserer Ernährung. Dies ist sicher einer der Gründe, warum der Übergang für die Kinder nicht so schwierig war, denn die Veränderungen waren

Foto: Fotograf Anja

Winnie nach ihrer Gewichtsabnahme

gar nicht so groß. Auf den Prüfstand kamen vor allem unsere Zwischenmahlzeiten und natürlich die zusätzlichen Süßigkeiten.

Für unsere neuen Ernährungsgewohnheiten und den gesünderen Lebensstil war und bin ich zuständig. In einer hektischen Phase, wenn der Tag nicht genug Stunden zu haben scheint, ist es manchmal schwierig, Rezepte zu finden, einen Essensplan aufzustellen und den entsprechenden Großeinkauf zu machen. Wenn ich das mal nicht schaffe, schleichen sich gleich wieder die alten Gewohnheiten mit improvisierten Lösungen und Fertiggerichten am Abend ein. Das kann dann schon ein paar Pfunde mit sich bringen. Besonders leicht passiert das im Dezember mit seinen vielen Feiern und Verlockungen. Ich versuche jedoch, das so zu regeln, dass Tiefkühlpizza eine seltene Ausnahme bleibt. Man kann als schnelles Essen schließlich auch eine Suppe machen. Zum Glück weiß ich, dass wir schnell wieder zurück in die Spur finden, wenn wir mal ein wenig von den guten Gewohnheiten abgewichen sind.

Ich nehme verhältnismäßig langsam ab und bin immer noch 19 Kilogramm von meinem Wunschgewicht entfernt. Ich bin mir sicher, dass ich es erreichen werde, aber ich gehe das Ganze ruhig und gelassen an. Ich habe auch begonnen, Sport zu treiben, zwei- bis dreimal pro Woche mache ich Spinning, einmal wöchentlich habe ich Handballtraining und am Wochenende ein Spiel. Das konnte ich vorher nicht machen, weil ich Schmerzen in den Knien hatte.

Inzwischen sind aber meine Muskeln viel stärker geworden, und zusammen mit den 16 Kilogramm, die ich abgenommen habe, macht das körperlich einen großen Unterschied für mich. Plötzlich kann ich wieder ohne Schmerzen laufen. Ich habe keinen Zweifel daran, dass mir die Ernährung nach dem Handvoll-Prinzip die Energie gibt, Sport zu treiben. Davor hatte ich keine Lust dazu oder gab es immer schnell wieder auf, weil ich beim Training Schmerzen bekam.

MANJA: Jetzt esse ich zum Frühstück Roggenbrot und Banane, etwas Obst und Milch oder auch ein kleines Brötchen und eine Eiermilch. Wir verwenden außerdem ballaststoffreichen Kakao, der besser sättigt als gewöhnlicher Kakao.

Ich habe mich daran gewöhnt, von allem viel weniger zu essen. Früher habe ich auch sehr viel „Fredagsslik" gegessen. Heute esse ich nur noch die 70 Gramm Süßigkeiten, die mir das Krankenhausprogramm empfohlen hat. Ich nehme fast immer Weingummi, den ich dann mit Obst mische. Das schmeckt richtig gut.

Ich gehe eigentlich überhaupt nicht mehr an unsere Süßigkeitenschublade. Aus der ist inzwischen auch nicht mehr viel zu holen, normalerweise liegt nur etwas dunkle Schokolade darin – und zwar oft eine Woche oder länger, ohne dass jemand etwas davon isst. Ich habe auch gelernt, zu Süßigkeiten, Kuchen und anderem Essen Nein zu sagen.

Auch wenn ich Handball spiele, merke ich einen großen Unterschied. Ich kann jetzt viel schneller laufen als früher und ich bewege ich mich heute insgesamt viel mehr.

Wenn ich heute alte Bilder von mir anschaue, denke ich: „Wow, habe ich

Manja und Winnie nach ihrer Gewichtsabnahme

Foto: Fotograf Anja

wirklich so ausgesehen?" Ich bin sehr froh, dass ich es geschafft habe, so viel abzunehmen!

DESHALB FUNKTIONIERT DAS HANDVOLL-PRINZIP FÜR UNSERE FAMILIE

WINNIE: Das Handvoll-Prinzip hat den großen Vorteil, dass es so einfach anzuwenden ist. Erstens sind die Grundsätze leicht zu verstehen, und zweitens bekomme ich alles, was wir brauchen, in unserem normalen Supermarkt. Müsste ich in viele verschiedene Geschäfte gehen, um Lebensmittel zu kaufen, dann hätten wir es niemals geschafft. Auch wenn wir die Zutaten hätten wiegen müssen, wäre uns das Abnehmen nicht gelungen. Es überzeugte mich, dass wir das Essen nur mit unseren Händen abmessen sollten. Das System war von Anfang an unkompliziert und einleuchtend.

Im Großen und Ganzen essen wir immer noch die gleichen Gerichte wie vorher, nur eben in angepasster Menge. Wir haben immer schon viel Gemüse gegessen, das war also nichts Neues für uns. Wir haben auch ein paar Experimente unternommen. Zum Beispiel haben wir für Nudelgerichte Gemüsenudeln verwendet und bei Reisgerichten den Reis durch Blumenkohlreis ersetzt.

Wir genießen es, dass man beim Handvoll-Prinzip alles Mögliche essen darf. Wir haben jetzt unsere Essensmenge unter Kontrolle, und das war genau das, was wir gebraucht haben. Ich hatte es zuvor schon mit mehreren Diäten versucht. Da gab es eine, bei der ich überhaupt keine Stärke zu mir nehmen sollte, oder eine andere, bei der ich alle Zutaten wiegen musste. Da dreht sich dann das ganze Leben nur noch ums Essen, was für mich nicht funktioniert, weil es viel zu kompliziert ist. Den Gewichtsverlust, den ich damit erreichte, konnte ich auch nicht halten, sondern ich nahm jedes Mal nach kurzer Zeit wieder zu.

MANJA: Das Handvoll-Prinzip funktioniert für mich vor allem deshalb, weil ich im Alltag gar keinen großen Unterschied zur vorherigen Ernährungsweise bemerke. Natürlich gibt es viele Dinge, die ich heute anders mache als vorher. Aber die Veränderungen kamen ganz langsam, und ich habe sie nicht als besonders hart empfunden. Meine Mama kümmert sich bei uns um alles, was mit dem Essen zu tun hat, ich musste also gar nicht über das Handvoll-Prinzip nachdenken. Das kam alles wie von selbst.

DAS HAT UNS DAS HANDVOLL-PRINZIP GEBRACHT

WINNIE: Das Handvoll-Prinzip hat viel Gutes für unsere Familie bewirkt. Das Wichtigste dabei war, dass wir Manja helfen konnten, ihr Gewicht zu regulieren. Wir sind sehr beeindruckt von ihr. Wir finden, sie war immer schon ein hübsches Mädchen, aber jetzt sieht sie richtig klasse aus. Manja hat dabei selbst sehr viel mehr Verantwortung übernommen, als man von einem Kind in ihrem Alter erwarten würde. Das macht uns sehr froh und auch stolz.

Manja hat uns mehrere Male überrascht, als sie Essen ablehnte, das ihr angeboten wurde. Sie war tatsächlich dermaßen standhaft, dass wir mit ihr darüber reden mussten, dass man auch mal Ja sagen darf. Wenn zum Beispiel der Lehrer der Klasse ein Eis spendiert, ist es natürlich völlig in Ordnung, das anzunehmen. Selbst in solchen Situationen hatten wir nämlich erlebt, dass sie „Nein, danke" sagte. Klar ist es toll, dass sie das kann, aber zwischendurch darf sie ruhig auch mal ein Eis oder ein Stück Kuchen essen. Es geht darum, die richtige Balance zu finden.

Für uns als Eltern war es natürlich viel leichter, weil Manja so viel Verantwortung für sich selbst übernommen hat. Ihr war vollkommen klar, dass sich in ihrem Leben etwas ändern musste. Wir alle wussten es und konnten uns gegenseitig mit unserer Motivation anstecken. Das war für Manja genauso wie für mich sehr hilfreich.

Manjas Großeltern, die wir oft sehen, sind mit an Bord – das ist für uns als Eltern natürlich eine Erleichterung. Von

Foto: Fotograf Anja

Anfang an haben sie die Chipstüten weggeräumt, bevor wir kamen, und meine Schwiegermutter verwendet für Würstchen im Teigmantel jetzt Vollkornmehl und kauft Eis, das mit Milch hergestellt ist statt mit Sahne. Eine solche Unterstützung durch die Familie ist eine große Hilfe.

Anfangs waren Manjas Geschwister über die Umstellung unserer Ernährung nicht glücklich. Sie fanden es unfair, dass sie auf diese Weise unter Manjas Übergewicht leiden sollten. Aber die Umstellung kam auch ihnen zugute. Magnus spielt auf hohem Niveau Fußball, da wird physisch und psychisch viel von ihm erwartet. Das weiß er genau, und ihm ist auch klar, dass er sich gesund ernähren sollte. Daher konnten wir ihn zum Mitmachen motivieren, indem wir mit ihm nicht über Gewicht, sondern über Gesundheit und Fitness sprachen. Als Magnus im Training tatsächlich einen Unterschied zu vorher bemerkte, überzeugte ihn das von den Vorteilen einer gesunden Ernährung.

MANJA: Beim Abendessen unterhalten wir uns viel mehr als früher. Das liegt vielleicht daran, dass wir alle etwas langsamer essen und uns Zeit nehmen, jeden Bissen zu genießen, anstatt alles nur in uns reinzuschaufeln.

Ich habe die Ernährungsumstellung zu keinem Zeitpunkt als hart empfunden. Es ging ganz ohne Probleme, vielleicht weil ich vorher schon viel Gemüse und Fleisch gegessen hatte. Die einzigen bedeutenden Veränderungen beim Essen gab es hinsichtlich der Zwischenmahlzeiten und der Essensmenge.

Es war toll, Anerkennung von meinen Klassenkameraden und Lehrern zu bekommen. Eines Tages sagte eine Lehrerin zu mir, sie hätte mich zufällig in der Stadt gesehen, aber beinahe nicht erkannt. Sie lobte mich sehr wegen meiner Gewichtsabnahme, was mich sehr stolz machte. Meine Freunde und Freundinnen aus der Klasse waren zwar schon immer für mich da und haben mich nie wegen meines Übergewichts aufgezogen, aber jetzt loben sie mich trotzdem und sagen zum Beispiel: „Schaut euch mal Manja an, sie hat echt viel abgenommen." Das macht mich wirklich glücklich, und ich möchte gerne so weitermachen.

Mit meinem Körper bin ich heute viel zufriedener als früher. Ich möchte vielleicht noch ein bis zwei Kilogramm abnehmen, aber darüber denke ich nicht weiter nach. Ich bin mit meinem momentanen Aussehen sehr zufrieden. Es macht mir jetzt auch viel mehr Spaß als früher, Kleidung zu kaufen – das kann allerdings auch daran liegen, dass ich älter geworden bin. Früher mussten wir Erwachsenenkleidung in kleinen Größen kaufen, weil mir die Kindersachen nicht passten. Jetzt kann ich ganz normale Kinder- und Teenagersachen tragen. Früher hasste ich schon das Anprobieren, weil mir das An- und Ausziehen schwerfiel.

Unsere besten Tipps

Winnie

Gehen Sie die Ernährungsumstellung in kleinen Schritten an, und vergessen Sie nicht, dass das Handvoll-Prinzip eher ein Lebensstil als eine Diät ist. Wenn gute Gewohnheiten entstehen sollen, muss man sich etwas Zeit nehmen. Haben sie sich jedoch einmal etabliert, sind sie Teil einer als ganz normal empfundenen Lebensweise.

Es sollte dabei auch nicht das Abnehmen, sondern die Gesundheit im Vordergrund stehen. Das gilt besonders, wenn Kinder mitmachen. Reden Sie darüber, was gesund und was ungesund ist. Machen Sie den Kindern bewusst, was der Körper braucht, und sorgen Sie dafür, dass die ganze Familie – auch der weitere Familienkreis – die Idee unterstützt. Die Chance auf Erfolg ist viel größer, wenn die Ernährungsumstellung ein gemeinsames Anliegen ist.

Manja

Versuchen Sie nicht, alles auf einmal zu ändern. Nehmen Sie sich eine Sache nach der anderen vor, und betrachten Sie die Anwendung des Handvoll-Prinzips nicht als eine Schlankheitskur. „Fredagsslik“ in angemessener Menge ist zum Beispiel völlig in Ordnung. Wenn man von einem Tag auf den anderen alle Süßigkeiten wegnimmt, kann das Ganze leicht scheitern. Wenn aber alle Beteiligten wissen, dass es gelegentlich auch Süßigkeiten und Kuchen gibt, dann werden sie diese Naschereien viel mehr genießen, als wenn sie alltäglich sind.

FAMILIE ØSTERLUND

Familie Østerlund zog im Oktober 2017 in den US-Staat New York, weil Papa Jesper dort arbeitete.

DORTHE, 43 Jahre, arbeitete in Dänemark als Buchhalterin an einem Internat. In den USA organisiert sie als Hausfrau ihre Familie.

JESPER, 40 Jahre, ist kaufmännischer Direktor.

MADS-EMIL, 12 Jahre, geht in die 7. Klasse.

VALDEMAR, 9 Jahre, geht in die 4. Klasse.

Familie Østerlund

„Dank des Handvoll-Prinzips ernähren wir uns bewusster. Wenn das Essen gesund und abwechslungsreich ist, fühlen wir uns alle sehr wohl.“

UNSERE GEWOHNHEITEN VOR DEM HANDVOLL-PRINZIP

DORTHE: Wir haben auch vor unserem Start mit dem Handvoll-Prinzip schon relativ vernünftig gegessen, aber es geschah oft zu impulsiv, und was mich betrifft, gab es zu viele kleine Snacks und jede Menge Kaffee im Laufe des Tages.

Unser Frühstück bestand immer schon aus Haferflocken. Die Jungen essen sie mit Milch und Zucker, ich mache für mich daraus Haferbrei mit Wasser, Blaubeeren und Zimt und trinke dazu eine Tasse Kaffee mit Milch. Jasper hat früher morgens immer Joghurt gegessen, aber hier in den USA isst er jetzt ebenfalls Haferflocken.

Mittags aß ich früher oft eine Tomate, eine halbe Paprikaschote, ein Ei und ein bis zwei Scheiben Roggenbrot mit Belag, zum Beispiel Kassler oder Hähnchenstreifen. Die Jungs bekamen immer – auch jetzt noch – belegte Roggenbrote, Gurken- oder Karottensticks und einen Cracker mit in die Schule. Der neunjährige Valdemar nimmt noch ein Stück Obst und einen Müsliriegel oder Cracker für die Vormittagspause mit.

Eigentlich hat unsere Familie in den USA genau die gleichen Essgewohnheiten wie zuvor in Dänemark. Für Jesper stellt das Mittagessen eine Herausforderung dar, weil er häufig zusammen mit Kunden in einem Restaurant zu Mittag essen muss.

Früher gab es bei uns ziemlich viele Tage, an denen nichts fürs Abendessen geplant und nichts eingekauft war. Dann gab es ein Fertiggericht aus dem Gefrierschrank oder ein Essen nach dem Motto „Schauen wir mal, was im

DAS HANDVOLL-PRINZIP FÜR DIE GESUNDHEIT

Familie Østerlund, vor allem Dorthe, nutzt das Handvoll-Prinzip etwas anders als die anderen Familien hier im Buch. Keiner aus der Familie kämpft mit Übergewicht, aber durch die Grundsätze des Handvoll-Prinzips können sie ihren gesunden Lebensstil auch in den USA beibehalten, wo überall das Fast Food lockt. Zudem kämpfte Dorthe schon immer gegen ihr großes Verlangen nach Zucker.

Kühlschrank ist". An diesen Abenden stand dann oft nur sehr wenig Gemüse auf dem Esstisch. Es gab aber durchaus auch Phasen, in denen wir gesund aßen und die Mahlzeiten geplant waren. Aber wenn es viel zu tun gab, was häufig der Fall war, brach das System zusammen, und davon wollte ich gerne wegkommen.

An meinem Arbeitsplatz in Dänemark trank ich sehr viel Kaffee, der aus gesüßtem Automatenpulver aufgebrüht wurde. Dazu konnte ich die ganze Zeit über naschen, zum Beispiel Kuchen oder Schokolade, weil ich Süßigkeiten einfach nicht widerstehen konnte. In unserer Familie hat sonst niemand dieses ungeheure Verlangen nach Zucker, und ich bin auch die Einzige, die den ganzen Tag über irgendwelche Snacks essen könnte.

Darum war vor allen anderen ich es, die ihre Gewohnheiten ändern musste. Jesper und unsere beiden Jungen hatten immer schon ein gesundes und ausgewogenes Verhältnis zu Süßigkeiten und Snacks. Sie essen sie in Maßen und haben ein gesundes Sättigungsgefühl, zudem nehmen sie abwechslungsreiche Kost in ganz normalen Mengen zu sich.

Als Familie hatten wir beschlossen, die Möglichkeit zu nutzen, die Jespers Anstellung in den USA uns bot: weit weg von Dänemark in einem anderen Land zu leben und eine neue Kultur kennenzulernen. Wir werden für einige Jahre in den USA bleiben, was sowohl für die Kinder als auch für uns Erwachsene einen ganz neuen Alltag bedeutet. Vor der Abreise war es ziemlich hektisch, viele Dinge mussten erledigt und geklärt werden. In dieser sehr stressbeladenen Phase hatte das Thema gute Ernährung natürlich keine sehr hohe Priorität bei uns.

Da wir so viel zu tun hatten, nahmen die schlechten Essgewohnheiten überhand. Ich habe zum Glück wohl einen relativ hohen Grundumsatz und musste darum trotz meines großen Verlangens nach Zucker nie gegen Übergewicht kämpfen. In der hektischen Zeit vor unserer Abreise aus Dänemark aß ich dann aber noch mehr Snacks und Süßigkeiten als sonst.

Die ungesunde Kost in großen Mengen machte sich letztlich doch anhand meines Gewichts bemerkbar, und das machte mir Sorgen. Wie sollte das erst nach unserem Umzug in die USA werden? Das Land ist bekannt für seine Fast-Food-Restaurants an jeder Ecke, die Fertiggerichte und die Unzahl an Verlockungen im Supermarkt. Ich wollte einerseits auf keinen Fall ein Opfer dieser Verhältnisse werden, mich andererseits aber auch nicht schon im Vorfeld von den Schreckensszenarien verrückt machen lassen, die ich mit Übergewicht und dem Fast-Food-Mekka USA verband. Ich war in den sozialen Netzwerken schon mehrmals auf das Handvoll-Prinzip gestoßen und besaß sogar das Buch dazu. Jetzt schien mir der richtige Zeitpunkt gekommen zu sein, es auch einmal zu lesen.

Noch vor unserem Umzug begann ich, mich näher mit dem Konzept zu beschäftigen und es zu verstehen. Ich kaufte mir ein weiteres Buch über das Handvoll-Prinzip und nahm es mit ins Handgepäck, um sicherzugehen, dass ich es nicht verlieren würde. Ich spürte, dass dieses Buch das Werkzeug war, mit dessen Hilfe ich für mich und damit auch für meine Familie in den USA an einem gesunden Lebensstil festhalten konnte.

UNSERE NEUEN GEWOHNHEITEN

Bei unserer Ankunft in den USA war ich bereit, auch im Hinblick auf unsere Ernährungsgewohnheiten ein neues Kapitel aufzuschlagen. Es sollte Schluss sein mit improvisierten Mahlzeiten, Zucker und den übermäßig vielen Snacks. An ihre Stelle sollten ein Plan, eine Struktur und gesundes Essen treten. Von Anfang an verwendete ich die Rezepte im Buch und führte damit innerhalb von kurzer Zeit gesunde Ernährungsgewohnheiten in meiner Familie ein.

Zum Glück hatte die Familie auch davor schon viele gesunde Gewohnheiten. Die mussten nur aktiviert und intensiviert werden – besonders bei mir selbst. Das ging jedoch schnell und problemlos, weil ich motiviert und zu einer Kursänderung bereit war.

Die größte Veränderung, die sich für unsere Familie ergeben hat, besteht in der Gestaltung des Abendessens. Ich plane es inzwischen im Voraus, darum gibt es inzwischen auch keine Fertiggerichte mehr, die im Grunde keiner von uns wirklich gerne mag. Ich koche oft Gerichte, die im Buch „Schlank mit dem Handvoll-Prinzip" vorgestellt werden, manchmal mit kleinen Variationen, damit sie immer wieder ein bisschen anders schmecken. Wir essen immer Fleisch, und dazu gibt es stets viel Gemüse. Wir machen häufig einen Salat aus verschiedenen Kohlarten mit zwei bis drei anderen Gemüsesorten und einem Dressing. Es gibt bei uns auch Reis, Nudeln oder Kartoffeln – die Jungen brauchen Kohlenhydrate, und Kohlgerichte sind nicht unbedingt ihr Fall. Sie bekommen dann eben verschiedene Gemüsesticks. Als Gewürze verwenden wir neben vielem anderen auch Chilisoße und Ketchup. Mads-Emil liebt dänische Remoulade, die wir uns extra aus der Heimat schicken lassen.

Unser Abendessen unterscheidet sich von dem aus der Zeit vor dem Handvoll-Prinzip wie gesagt vor allem dadurch, dass die Mahlzeiten geplant werden. Daher kommt anstelle von improvisierten Gerichten immer ein gesundes und nährstoffreiches Abendessen auf den Tisch. Viele der „Handvoll"-Gerichte schmecken auch den Kindern gut.

Mein Mittagessen ist im Vergleich zu früher mehr oder weniger gleich geblieben. Ich vergesse oft die Zeit und merke dann plötzlich, dass ich sehr hungrig bin. Normalerweise esse ich eine Tomate, ein wenig Hüttenkäse, eine Scheibe selbst gebackenes Roggenbrot mit Hähnchen o. Ä. und vielleicht etwas Gemüse, das vom Abend vorher noch da ist.

Im Laufe des Tages trinke ich Kaffee, mittlerweile mit wenig Milch und ganz ohne Süßungsmittel. Auf meinen Kaffee kann ich einfach nicht verzichten, aber ich trinke jetzt auch sehr viel Wasser. Im Laufe des Tages kommt meistens noch eine Tasse Ingwer- oder Gewürztee hinzu, die mir etwas den Heißhunger auf Zucker nehmen. Unter der Woche esse ich im Gegensatz zu früher nachmittags oder abends gar keine süßen Sachen mehr. Wird das Verlangen zu groß, besänftige ich es entweder mit einer zuckerfreien Cola oder ein paar Mandeln oder Nüssen. An den Wochenenden gestatte ich mir allerdings Süßigkeiten.

Ich mache einmal pro Woche einen Großeinkauf und sorge dafür, dass immer Lebensmittel für die Abendessen an ungefähr vier Tagen sowie Frühstück und Mittagessen für eine ganze Woche im Hause sind. Das gibt uns die Möglichkeit, auch mal von Plänen abzuweichen und spontan zu sein, ohne dass an einem Tag nicht verzehrte Lebensmittel weggeworfen werden müssen. Ich verbrauche auch keine Zeit und Energie damit, jeden Tag darüber nachzudenken, was wir am Abend essen, das ist eine Erleichterung für mich.

Ich habe die Veränderung unserer Gewohnheiten angestoßen, und die Familie hat bereitwillig mitgezogen. Unser Abendessen ist viel vernünftiger geworden, und auch darüber hinaus haben sich einige Gewohnheiten in unserer Familie geändert.

Unter der Woche kommt am Abend nichts Ungesundes mehr auf den Tisch. Der Kühlschrank ist voll mit guten

Mads-Emil und Valdemar mögen die neuen, gesunden Essensgewohnheiten der Familie in den USA.

Lebensmitteln, die wir auch wirklich essen. Ich glaube, wir haben alle vier Lust darauf, dieses gesunde Verhalten auf Dauer aufrechtzuerhalten, und das ist wunderbar.

Wir essen durchaus gelegentlich „Unvernünftiges". Als ganz normale Familie mit Kindern, die das Wochenende genießen wollen, gibt es bei uns auch ein bisschen „Fredagsslik". Generell sehen wir an den Wochenenden alles etwas lockerer. Wir gehen vielleicht auswärts essen oder sind zu einer Feier eingeladen, bei der es auch Desserts und Wein gibt. Auch dafür muss im Leben Platz sein. Ich achte aber stets darauf, wie viel ich im Laufe des Tages esse, dann ist auch das gute Essen im Restaurant oder das zusätzliche Glas Wein am Abend problemlos möglich. Sollte es doch mal etwas zu viel geworden sein, dann weiß ich, dass ich mithilfe der Essenspläne sofort wieder zu den guten Gewohnheiten zurückfinden kann.

DESHALB FUNKTIONIERT DAS HANDVOLL-PRINZIP FÜR UNSERE FAMILIE

Wir benutzen das Handvoll-Prinzip als Leitfaden für eine gesunde Ernährung. Ich verwende die „Handvoll"-Bücher oft als Nachschlagewerke und versuche, in Esskisten und Handvoll zu denken. Dadurch weiß ich, was auf dem Teller liegen soll.

Die Essensgewohnheiten sind in verschiedenen Ländern sehr unterschiedlich. Wir reden in der Familie viel darüber, welches Essen gesund ist, und ernähren uns entsprechend. An den ersten Tagen in ihren neuen Schulen waren die Jungs regelrecht schockiert über die Lunchpakete der amerikanischen Kinder. Sie erzählten, ihre Klassenkameraden hätten Süßigkeiten und Chips in der Schule dabei. Das typische amerikanische Lunchpaket besteht aus einer kleinen Tüte Chips, weißem Toastbrot mit Erdnussbutter und Pfannkuchen mit Sirup, dazu gibt es dann noch eine Limonade. In der Welt unserer Jungs sind das eher Nachspeisen oder etwas Besonderes am Wochenende. Auch das Essen in den Schulkantinen ist ungesund, deshalb nehmen unsere Jungen lieber etwas von zu Hause mit.

Richtiges Roggenbrot kann man hier nicht kaufen, und ich backe es selbst. Auf das Schulbrot kommt dann Käse oder ein anderer Belag. Die Jungen bekommen außerdem Feigen, Gurken- und Karottensticks sowie einen Cracker und ihre Flasche Wasser mit, und damit geht es ihnen gut. Valdemar hat erzählt, dass andere Kinder neugierig auf sein mitgebrachtes Essen waren. So ein Lunchpaket hatten sie noch nie gesehen, und Roggenbrot kannten sie überhaupt nicht.

In den USA gibt es in den meisten Supermärkten hauptsächlich ungesundes Essen, vor allem Fertig- und Halbfertiggerichte. In unserem Lieblingssupermarkt gibt es aber auch ganz viel Frisches, eine Fisch- und Fleischabteilung, eine Käsetheke, Oliven, Tapenaden, frisch zubereitete Gerichte und Gemüse, das frisch aufgeschnitten wird. Zwar hat man auch und gerade in den USA natürlich selbst die Wahl, was man einkauft, aber weil Obst und Gemüse dort sehr teuer sind, habe ich Verständnis dafür, dass es für manche Familien eine Herausforderung sein kann, sich gesund zu ernähren. Fast Food ist billiger – und einfacher.

DAS HAT UNS DAS HANDVOLL-PRINZIP GEBRACHT

Durch das Handvoll-Prinzip wurde uns bewusster, was und wie viel wir essen. Wir fühlen uns alle vier sehr wohl, wenn wir gesund und abwechslungsreich essen. Die Jungs haben schon ein paar Mal gesagt, dass das Essen bei uns seit unserem Umzug leckerer und vielfältiger geworden ist. Ich freue mich darüber, dass es ihnen auffällt, wenn ich mir Zeit nehme, gutes und gesundes Essen zuzubereiten. Das Handvoll-Prinzip ist für mich eine Methode, auf sehr unkomplizierte Weise gesund zu essen. Mit einfachen Mitteln werden leichte Gerichte zubereitet, die auch Kinder gerne mögen.

Ich finde es sehr wichtig, dass die Gerichte kindgerecht sind, denn das Projekt würde – zumindest für mich – sehr schnell unbeherrschbar, wenn ich jeden Abend mehrere verschiedene Gerichte zubereiten müsste, weil die Kinder nicht mögen, was auf den Tisch kommt. So begnügen wir uns mit einem Gericht für alle, eventuell in Kombination mit ein paar Karotten- und Gurkensticks für die Kinder.

Ich bin froh darüber, dass die Gerichte in den Büchern, die das Handvoll-Prinzip erläutern, leicht zuzubereiten sind und man nicht zu viele verschiedene oder gar exotische Zutaten benötigt. Ich kann alle Zutaten im selben Supermarkt kaufen und muss nicht in unterschiedliche Spezialgeschäfte gehen, was mir sehr wichtig ist. Außerdem genieße ich es, dass ich beim Handvoll-Prinzip nicht eingeschränkt werde, sondern die Freiheit habe zu essen, was und wie ich mag, solange es mit Vernunft geschieht. Ich genieße gesundes und nährstoffreiches Essen, das mich viele Stunden lang satt hält, aber ich genieße es genauso, zwischendrin mal weniger streng zu sein und etwas Süßes zu essen oder ein Glas Wein zu trinken.

Als die Einzige in der Familie mit wirklich unvernünftigen Essgewohnheiten habe auch eigentlich nur ich selbst eine körperliche Veränderung als Folge der Ernährungsumstellung wahrgenommen. Insbesondere leide ich inzwischen viel seltener an einem Blähbauch und habe auch ein paar Kilo abgenommen. Ich fühle mich ganz allgemein frischer und gehe später ins Bett. Ein Teil der positiven Veränderungen ist sicher auch das Resultat unseres anders als in Dänemark gestalteten Alltags hier in den USA. Wir fühlen uns gesünder und damit insgesamt viel wohler.

Auch Jesper ist froh über unseren neuen Lebensstil. Er genießt das abwechslungsreiche Abendessen und die größere Sensibilität der Familie für das Thema Ernährung. Allerdings freut er sich wohl auch schlicht darüber, dass er nicht mehr so viel mit der Planung und der Zubereitung der Mahlzeiten zu tun hat, sondern sich einfach an den Tisch setzen und das Essen genießen kann.

Die ganz großen Herausforderungen während unserer Ernährungsumstellung sind ausgeblieben. Unabhängig von der Ernährungsweise ist mein größtes Problem, dass ich gelegentlich das Mittagessen vergesse und erst von den doch recht unangenehmen Symptomen eines niedrigen Blutzuckerspiegels daran erinnert werde. Ich versuche natürlich, rechtzeitig zu essen. Klappt das nicht, muss ich schnell an den Kühlschrank und mein Mittagessen herrichten. Da ist es dann von großem Vorteil, dass ich vorher schon eingekauft habe und so immer eine gesunde Wahl nach dem Handvoll-Prinzip treffen kann.

Würde ich meine Mahlzeiten nicht im Voraus planen, dann könnten Situationen mit niedrigem Blutzuckerwert leicht dazu führen, dass ich zu einer schnellen, ungesunden Lösung greife, wobei meine Schwäche für Süßes natürlich immer eine besondere Herausforderung darstellen wird. Mein Alltag in den USA gibt mir jedoch Zeit und Möglichkeit zu gutem und gesundem Essen, und dadurch kann ich mein Verlangen nach Zucker im Zaum halten.

Unsere besten Tipps

Dorthe

Mein bester Tipp ist ganz klar: Planen Sie Ihre Mahlzeiten im Voraus. Verwenden Sie dazu die Rezepte aus den Büchern zum Handvoll-Prinzip. Mit kleinen Variationen können die Mittagsgerichte auch prima in ein Abendessen verwandelt werden. Stellen Sie für wenigstens vier Tage einen Essensplan auf. Wenn die richtigen Lebensmittel im Haus sind, ist es auch einfacher, gesunde Mahlzeiten in einer angemessenen Menge zuzubereiten.

Weil sich Ihr Tagesplan plötzlich ändern kann – man wird zum Essen eingeladen oder unternimmt etwas –, halte ich es aber für besser, über eine Vorratshaltung von vier Tagen nicht hinauszugehen, um nicht in die Situation zu geraten, Nahrungsmittel wegwerfen zu müssen. Wenn Sie abends mal etwas mehr zubereitet haben als nötig, können Sie es am nächsten Tag beim Mittagessen einplanen.

Ich finde es mittlerweile einfacher und sinnvoller, bei meinen Salaten oder als Beilage maximal drei unterschiedliche Arten Gemüse zu verwenden. Früher habe ich eher die Meinung vertreten, ein schmackhaftes Gericht benötige möglichst viele verschiedene Zutaten, aber das sehe ich heute anders. Der Geschmack der einzelnen Lebensmitteln kommt viel besser zur Geltung, wenn in einem Gericht nur vergleichsweise wenige Zutaten verwendet werden. Gerade die einfachen Gerichte sind oft besonders lecker, und die Zubereitung geht schneller.

FAMILIE STEPHANSEN

BETINA, 55 Jahre, arbeitet in einer Fabrik.

BRIAN, 47 Jahre, ist Förderbandmonteur.

BETINA UND BRIAN haben zusammen fünf Kinder im Alter von 17 bis 37 Jahren. Zu Hause wohnt nur noch der jüngste Sohn Oliver.

OLIVER, 17 JAHRE, geht in die 10. Klasse.

Foto: Johnny Hermann

Familie Stephansen

„Wir haben sozusagen einen neuen Sohn bekommen. Früher schlich er gleich nach dem Abendessen zurück vor seinen Computer, aber jetzt bleibt er lieber noch bei uns."

UNSERE GEWOHNHEITEN VOR DEM HANDVOLL-PRINZIP

BETINA: Bevor wir mit dem Handvoll-Prinzip anfingen, hatten wir ziemlich viele schlechte Essgewohnheiten. Besonders Brian und Oliver waren verrückt nach Kuchen, und wenn ich einen für sie gebacken hatte, wurde er sofort aufgegessen, und zwar komplett! Ich selbst war nie so wild auf Kuchen, dafür habe ich viel zu viele Chips vor dem Fernseher gegessen.

Unser Essen war ganz traditionell: Soße und Kartoffeln, Reis oder Nudeln und dazu irgendein Fleisch. Gemüse kam nur selten auf den Tisch. Ich habe immer die Töpfe oder Schüsseln mit dem Essen auf den Tisch gestellt, und in der Regel nahm sich daraus jeder von uns zwei bis drei Portionen. Trotzdem hatte ich nie das Gefühl, richtig satt zu sein. Wenn ich irgendwann im Lauf des Tages Hunger hatte, aß ich meistens Weißbrot.

Ich hatte eigentlich schon lange den Wunsch, in dieser Hinsicht eine Kursänderung vorzunehmen, und überlegte, was am besten zu tun sei. Ich habe es tatsächlich mit den unterschiedlichsten Ernährungs- und Diätansätzen versucht, aber irgendwie gelang es mir dadurch nicht, die überflüssigen Pfunde loszuwerden.

Meine Gewichtsentwicklung folgte sehr klassisch dem Jo-Jo-Prinzip. Ich nahm etwas ab, dann wieder zu, woraufhin ich wieder abnahm und so

GEWICHTSABNAHME

BETINA:

GRÖSSE: 167 cm

KÖRPERGEWICHT VORHER: 106 kg

KÖRPERGEWICHT JETZT: 79 kg

Vor der Anwendung des Handvoll-Prinzips hatte Betina durch eine Ernährungsumstellung bereits Gewicht verloren, dann aber wieder zugenommen. Mit dem Handvoll-Prinzip hat sie in etwas mehr als einem Jahr noch einmal elf Kilogramm abgenommen. Betina ist noch zwölf Kilogramm von ihrem Wunschgewicht – 67 Kilogramm – entfernt.

OLIVER:

GRÖSSE: 178 cm

KÖRPERGEWICHT VORHER: 88 kg

KÖRPERGEWICHT JETZT: 68 kg

Olivers Wunschgewicht sind 65 Kilogramm, davon ist er noch drei Kilogramm entfernt.

Oliver vor seiner Gewichtsabnahme

weiter. Schon bevor wir mit der Umsetzung des Handvoll-Prinzips anfingen, hatte ich es mit anderen Ernährungsumstellungen versucht, die mir zwar geholfen hatten, teilweise erheblich abzunehmen, aber ich nahm auch immer wieder zu.

Ende des Jahres 2016 hatten Oliver und ich unser Gewicht nicht mehr unter Kontrolle, was für uns beide sehr frustrierend war. Wir sprachen darüber und waren uns einig, dass der Zeitpunkt gekommen war, endgültig etwas Entscheidendes dagegen zu unternehmen – wir mussten abnehmen. Oliver war von Anfang an voll mit dabei. Meine älteste Tochter, sie ist 37, hatte sich schon nach dem Handvoll-Prinzip ernährt und mir von dieser Methode erzählt. Es dauerte einige Zeit, bis wir die Grundsätze nachvollziehen konnten, daher kauften wir uns das Basisbuch, um die Methode richtig zu verstehen. Das war sehr hilfreich.

OLIVER: Früher habe ich den Tag immer mit stark gezuckerten Haferflocken oder mit Schokofrühstücksflocken begonnen. Lunchpakete habe ich immer gehasst und aß deshalb in der Schule gar nichts. Wenn ich dann nach Hause kam, war ich furchtbar hungrig und machte mich fast immer über die falschen Sachen her – am liebsten aß ich jede Menge Kuchen, wenn ich welchen fand. Die überflüssigen Pfunde und die damit zusammenhängenden Beschwerden belasteten mich aber sehr. Als meine Mutter mir vorschlug, wir sollten gemeinsam etwas gegen unser Übergewicht unternehmen, war ich daher sofort bereit mitzumachen.

UNSERE NEUEN GEWOHNHEITEN

BETINA: Anfang des Jahres 2017 starteten Oliver und ich mit der Umsetzung des Handvoll-Prinzips. Von einem Tag auf den anderen verbannten wir alle ungesunden Nahrungsmittel aus unserem Haushalt. Trotzdem tröstete uns der Grundsatz, dass diese weiterhin in Maßen erlaubt sind. Wir waren beide am Anfang sehr gespannt.

Oliver hat mir beim Kochen geholfen, und wir ließen uns vor allem von den Rezepten in den Büchern und auf der Facebook-Seite inspirieren. Dadurch erhielten unsere Mahlzeiten eine Struktur, und wir bekamen auch Lust, neue Gerichte auszuprobieren. Von Anfang an haben wir unsere Mahlzeiten und den Einkauf geplant, um nicht wieder in die Situation zu kommen, im Supermarkt zu stehen und nicht zu wissen, was wir essen sollten. Denn genau dann neigt man dazu, unvernünftig einzukaufen. Für uns hat funktioniert, dass wir durch intelligente Planung und die vorgegebene Struktur dem Hunger immer einen Schritt voraus waren.

Es gibt ein paar Lebensmittel, die uns nie ausgehen sollten, zum Beispiel Mandeln, dunkle Schokolade, Karotten, Eier und Joghurt. Besonders zu Beginn waren Joghurt und Mandeln für uns wichtig, weil sie wunderbar Eis und Chips ersetzen konnten. Wir hatten auch immer Light-Limonade im Haus. Wenn sich das Verlangen nach Süßem meldete, tranken wir ein Glas davon, und damit war es meistens gut.

Gleich zu Beginn gewöhnten wir uns an, die Teller in der Küche mit einer Portion für jeden zu füllen. Wenn diese Portion aufgegessen war, gab es nichts mehr. Das war anfangs nicht ganz leicht für uns, aber wir gewöhnten uns schnell daran. Im Gegensatz zu früher, als ich immer sehr reichlich kochte, bereite ich heute nur die Menge zu, die wir essen sollten. Wenn ich mal etwas mehr mache, dann nur, um für den nächsten Tag noch etwas zu haben.

Betina vor ihrer Gewichtsabnahme

Wir haben unsere Favoriten, die wir ziemlich oft zubereiten, zum Beispiel Wokgerichte mit Hähnchen und viel Gemüse. Das mögen wir alle sehr gerne. Wir essen heute nur noch selten Nudeln, Reis oder Kartoffeln zum Abendessen und vermissen diese Beilagen auch überhaupt nicht, sondern können im Gegenteil kaum noch nachvollziehen, wieso wir damals so viel davon gegessen haben.

Heute mache ich statt Kartoffelbrei ein Gemüsepüree, das sogar Brian sehr

Oliver nach seiner Gewichtsabnahme

schmackhaft findet. Langsam und beinahe ohne dass wir es bemerkt haben, wurde unser übliches Essen – Fleisch mit kohlenhydratreichen Beilagen, wie Steaks mit Soße und Kartoffeln – durch Fleisch mit Gemüse ersetzt. Steaks essen wir immer noch, aber es gibt weder Soße noch Kartoffeln dazu. Stattdessen bereiten wir ganz viel Gemüse zu, das uns eigentlich auch viel besser schmeckt.

Es ist erstaunlich, wie schnell und gründlich sich Gewohnheiten ändern können. Zum Glück isst Oliver gerne Rosenkohl, Blumenkohl und auch Weißkohl – durch die große Auswahl fiel es uns leicht, auf mehr Gemüse umzusteigen. Wir essen bei Weitem nicht mehr die Mengen, die wir früher verspeist haben. Wir haben gelernt, unser Essen zu genießen und uns Zeit dabei zu lassen. Früher haben wir alles ohne echten Genuss hastig in uns hineingeschaufelt.

Zu unseren Favoriten gehören Bohnen-Pommes (panierte gebratene oder frittierte grüne Bohnen) mit selbst gemachter Chilimayonnaise. Oliver könnte sich fast nur davon ernähren, das hätte früher keiner von uns für möglich gehalten. Auch Grünkohlchips mögen wir richtig gerne. Wir bereiten heute im Grunde unsere früheren Gerichte nach dem Handvoll-Prinzip zu, weshalb natürlich die Mengen und das Verhältnis der Zutaten ganz anders als früher sind.

Das Essen in meiner Betriebskantine stellt für mich manchmal eine Herausforderung dar, weil dort sehr traditionell mit Soße und Kartoffeln gekocht wird. Darauf habe ich aber gar keine Lust mehr, weshalb ich meistens zu einem Salat aus der Salatbar greife. Das ist zwar für mich in Ordnung, aber ich hätte gerne etwas mehr Abwechslung, weil ich schnell wieder hungrig werde, wenn ich nur einen Salat esse. Allerdings werde ich heute viel schneller satt als früher, als ich eigentlich immer Hunger hatte.

Früher habe ich fast immer Weißbrot gegessen, wenn ich hungrig war. Heute haben wir Weißbrot nur noch selten im Haus, und ich backe auch keine Kuchen mehr für Brian und Oliver. Auch wenn wir Gäste haben, versuchen wir, das Handvoll-Prinzip möglichst umzusetzen. Wenn zum Beispiel meine Nichten kommen, mache ich Bananenpfannkuchen mit Vanille-Skyr, was bei ihnen sehr gut ankommt. Ich habe auch keine Angst vor Experimenten, ich habe beispielsweise schon dänischen Mandelreis mit Hüttenkäse zubereitet. Der ist so lecker geworden, dass Brian und Oliver gar nicht glaubten konnten, dass er mit Hüttenkäse gemacht war.

OLIVER: Ich beginne immer noch wie früher jeden Tag mit Haferflocken, aber ich streue jetzt keinen Zucker mehr darüber. Obwohl mir das am Anfang schwerfiel, würde es mir heute im Traum nicht mehr einfallen, meine Haferflocken zu zuckern. Wenn man Gewohnheiten ändern will, darf man nicht zu schnell aufgeben.

Ich bin immer noch kein großer Freund von Lunchpaketen, habe aber zusammen mit meiner Mutter eine Lösung gefunden und nehme jetzt ein belegtes Vollkornbrötchen und ein paar Mandeln und Karotten mit. Das bringt mich gut durch den Schultag, danach mache ich mir dann zu Hause oft Hähnchen, Ei und Gemüse in der Pfanne.

Eiermuffins mit Gemüse und Hähnchen mag ich ebenfalls gerne. Meine Mutter backt jeden Sonntag 24 Eiermuffins, und wenn mir das Vollkornbrötchen

Betina nach ihrer Gewichtsabnahme

mal zu langweilig ist, kann ich davon welche mit in die Schule nehmen.

Ich führe heute ein viel aktiveres Leben. Früher habe ich viel vor dem Computer gesessen, dort verbringe ich heute viel weniger Zeit. Dafür spiele ich inzwischen häufig Floorball. Nach dem Sport esse ich gerne ein Stück Obst. Das braucht mein Körper dann, und ich fühle mich gut.

DESHALB FUNKTIONIERT DAS HANDVOLL-PRINZIP FÜR UNSERE FAMILIE

BETINA: Ganz sicher wirkt das Handvoll-Prinzip für uns so gut, weil es im Grunde keine Verbote gibt. Psychologisch ist es wichtig zu wissen, dass man zwischendrin auch mal ein Stück Kuchen oder etwas anderes „Unvernünftiges" essen dürfte beziehungsweise darf.

Wir essen prinzipiell immer noch die gleichen Gerichte wie früher und probieren zusätzlich viele neue aus. Ich koche zwar recht abwechslungsreich, mache aber stets dasselbe Gericht für die ganze Familie, auch für Brian, obwohl der gar nicht abnehmen muss. Er beschwert sich nie darüber, dass es keinen Reis, Nudeln oder Kartoffeln gibt. Er hat sich genau wie Oliver und ich an das Gemüse gewöhnt. Dass man nicht verschiedene Mahlzeiten für die unterschiedlichen Familienmitglieder kochen muss, macht es natürlich auch einfacher für mich. Wir betrachten das Handvoll-Prinzip als einen Lebensstil für die ganze Familie und nicht als eine Diät, die man durchhalten muss.

OLIVER: Ich fand das Handvoll-Prinzip vom ersten Tag an spannend. Ich wollte ja wirklich abnehmen, und auch wenn es nicht immer einfach ist, seine Gewohnheiten zu ändern, hatte ich doch überraschend wenig Probleme mit der Änderung meines Essverhaltens.

Ich bin sehr froh darüber, dass es keine grundsätzlichen Verbote gibt. Ich kann auch ruhig mal mit meinen Freunden ein Bier trinken gehen, wenn ich mich danach wieder vernünftig ernähre, und das schaffe ich. Besonders schön finde ich, dass ich inzwischen viel mehr Energie habe.

DAS HAT UNS DAS HANDVOLL-PRINZIP GEBRACHT

BETINA: Das Handvoll-Prinzip hat uns ein ganz neues Leben ermöglicht. Unsere Familie hat viel mehr Energie, und wir sind alle viel zufriedener. Oliver und ich sind sehr froh darüber, dass wir so viel abgenommen haben. Brian und ich finden, dass Oliver regelrecht ein neuer Mensch geworden ist, er ist jetzt viel sozialer, auch uns gegenüber. Früher wollte er nach dem Essen auf keinen Fall noch sitzen bleiben und sich mit uns unterhalten. Er verkrümelte sich immer so schnell er konnte zu seinem Computer. Heute zählen für ihn andere Aktivitäten mehr, und darüber sind wir sehr glücklich. Der Platz vor oder besser hinter dem Computer war auch sein Versteck und Rückzugsort, weil er nicht die Energie und Fitness hatte, um mit seinen Freunden mitzuhalten. Jetzt ist er einer von denen, die am meisten in Bewegung sind, und darauf sind wir sehr stolz. Wenn ich heute beim Floorball zuschaue, erkenne ich manchmal beinahe meinen eigenen Sohn nicht, denn ich war es gewohnt, auf dem Feld nach dem dicken Jungen Ausschau zu halten – doch jetzt ist er schlank und agil.

Sogar die Tatsache, dass Oliver keine Medikamente mehr gegen seine Epilep-

Oliver ist nach seiner Gewichtsabnahme viel aktiver und kontaktfreudiger geworden. Foto: Johnny Hermann

sie einnehmen muss, ist möglicherweise ein weiterer positiver Effekt unserer Lebensstiländerung. Es ist zwar nicht völlig auszuschließen, dass es auch sonst dazu gekommen wäre, wir haben aber schon das Gefühl, dass die Änderung unserer Essgewohnheiten daran zumindest einen Anteil hat. Er darf und kann nun auch problemlos den Führerschein machen, was für Oliver und uns eine große Freude ist.

Vor meiner Ernährungsumstellung, aber auch noch in der ersten Zeit danach hatte ich gelegentlich Kopfschmerzen. Die sind zu meiner großen Erleichterung inzwischen komplett verschwunden. Eine Menge Leute haben bemerkt, dass ich abgenommen habe, und mich darauf angesprochen. Das freut mich immer sehr, und ich genieße es auch, dass ich jetzt in ganz normalen Kleiderläden einkaufen kann.

Früher musste ich teilweise in Spezialgeschäfte und dort die Größen 48, 50 oder 52 kaufen. Heute passt mir Medium, wodurch ich auch eine viel größere Auswahl habe. Vor Kurzem habe ich mir ein schickes, schwarzes Strickkleid mit Kupferfäden gekauft, das ich am Tag unserer kupfernen Hochzeit tragen möchte. Ich war sehr glücklich darüber, dass es mir in Größe M gepasst hat. Meine Arbeitskleidung war früher XXL – auch da trage ich heute M.

Ich bin immer gerne gelaufen, was mir irgendwann enorm schwergefallen ist. Jetzt klappt es aber wieder prima, und im letzten Jahr habe ich zwei Halbmarathons absolviert. Das macht mich stolz!

Ich stelle mich eigentlich jeden Tag einmal auf die Waage. Davon wird zwar häufig abgeraten, aber mir ist das regelmäßige Überprüfen meines Gewichts wichtig, weil es mir das Gefühl von Sicherheit und Kontrolle vermittelt.

Auch im letzten Urlaub, den wir in der in der Türkei verbracht haben, kam das Handvoll-Prinzip so gut wie möglich zur Anwendung. Es war ein All-inclusive-Urlaub, und die vielen Kuchen und Süßigkeiten waren eine große Verlockung. Wir haben es so gelöst, dass wir von den unterschiedlichen Süßspeisen jeweils nur kleine Häppchen genommen haben. So konnten wir alles probieren, ohne zu viel zu essen.

Durch das Befolgen des Handvoll-Prinzips konnten wir uns auch unsere Gewohnheiten bewusster machen. Wir haben vorher gelegentlich Nahrungsmittel einfach aus Gewohnheit gekauft, ohne wirklich Hunger oder auch nur richtigen Appetit darauf zu haben. Brian hat zum Beispiel am Wochenende immer Plunderteilchen mit Mohn mitgebracht, die weder mir noch Oliver wirklich geschmeckt haben. So etwas machen wir heute natürlich nicht mehr.

OLIVER: Ich bin früher nicht viel gelaufen, dafür war ich einfach zu schwer. Aber jetzt habe ich damit angefangen und kann mittlerweile meiner Mutter davonlaufen. Ich spiele schon länger Floorball, gehe dreimal in der Woche zum Krafttraining und trainiere sogar zweimal wöchentlich eine U-11-Floorballmannschaft. Früher wollte ich meistens gar nicht zum Sport, weil ich nicht so schnell laufen konnte wie die anderen. Es war sehr unangenehm, immer der Langsamste zu sein. Heute gehöre ich eher zu den Schnellsten, und eine Freundin habe ich jetzt auch. Vor dem Computer sitze ich kaum noch, dazu fehlt mir inzwischen einfach die Zeit. Ich musste allmählich auch meine ganze Garderobe austauschen, früher habe ich XL getragen, heute nur noch S oder M. Früher lief ich nur in Jogginghosen rum, aber inzwischen passen mir auch modische enge Hosen.

Sowohl mein Floorballtrainer als auch meine Freunde und deren Eltern haben bemerkt, dass ich abgenommen habe. Sie finden das alle großartig und wollen wissen, wie viel genau ich abgenommen und wie ich das geschafft habe.

Auch die Handvoll-Prinzip-Facebook-Gruppe besuche ich gerne. Ich habe dort von meiner Gewichtsabnahme erzählt, Bilder von mir eingestellt und dafür 500 Likes bekommen. Das motiviert natürlich zum Weitermachen.

Ich finde es nicht kompliziert, grundsätzlich nach dem Handvoll-Prinzip zu leben. Wenn ich mit Freunden ausgehe, kommt es schon vor, dass ich ein paar Bier trinke und Süßigkeiten oder Chips esse. Aber ich verliere nie die Kontrolle und finde mit der nächsten Esskiste wieder in den guten Rhythmus zurück.

Unsere besten Tipps

Betina und Oliver

Wir finden es sehr sinnvoll, dass nur so viel gekocht wird, wie auch gegessen werden sollte, und das Essen schon in der Küche verteilt wird. Wenn die Portion einmal auf dem Teller liegt, ist das ein deutliches Signal. Wenn kein weiteres Essen auf dem Tisch steht, wird man auch nicht zu einem Nachschlag verführt.

Planen Sie Ihre Mahlzeiten und Ihren Einkauf im Voraus. So vermeiden Sie, plötzlich vor einem beinahe leeren Kühlschrank zu stehen und nicht zu wissen, was Sie zum Essen machen könnten. Füllen Sie Kühl- und Gefrierschrank mit guten Lebensmitteln, die Sie vergleichsweise schnell und einfach zubereiten können – zum Beispiel Gemüse und Hähnchenfleisch. Kaufen Sie sich die Rezeptbücher zum Handvoll-Prinzip, und melden Sie sich bei der geschlossenen Facebook-Gruppe an. Von dort haben zumindest wir viel Unterstützung und Inspiration erhalten.

Nutzen Sie den Gewohnheiten-baum®

So meistern Sie 13 typische Herausforderungen

Psychologin Lotte Quist Michaelsen

Viele Leserinnen und Leser, die in ihrer Familie selbst mit Übergewicht kämpfen, werden sich in den Erzählungen unserer vier Familien wiedererkannt haben. Vielleicht haben Sie einige der geschilderten Schwierigkeiten selbst erlebt.

Gerade wenn Kinder von Übergewicht betroffen sind, muss sehr behutsam und bedacht vorgegangen werden, um ihr Essverhalten positiv zu beeinflussen, ohne ihnen zu schaden. Wir haben einige typische Gewohnheiten aus den Familienberichten ausgewählt und Lotte Quist Michaelsen gebeten, sich dazu zu äußern.

Die Psychologin ist auf die Bereiche „Änderung des Lebensstils" und „Gewichtsabnahme" spezialisiert. Zusammen mit ihrem Mann bietet sie Kurse, Vorträge und Workshops zu den Themen „Gesundheit" und „Gewichtsreduktion" für Einzelpersonen, Firmen und öffentliche Institutionen an. Sie verfolgt dabei einen interaktiven und ressourcenorientierten Ansatz und stützt sich bei ihrer Arbeit auf mentales Training sowie auf die Ernährungsberatung nach dem Handvoll-Prinzip.

Lotte Quist Michaelsen hat vor einigen Jahren selbst 30 Kilogramm abgenommen und hält seitdem ihr Gewicht. Diese persönlichen Erfahrungen in Kombination mit ihrem fachlichen Wissen bilden eine gute Grundlage, um Menschen bei den Themen Gesundheit und Übergewicht zu beraten.

1.

Wie vermeidet man den Süßigkeitenrausch nach der Schule?

„Wenn ich meine Brote mit Nuss-Nugat-Creme gegessen hatte, ging es für den Rest des Nachmittags mit Süßigkeiten, Kuchen und Limo vor meinem Computer weiter."

NIKOLAJ TRABJERG

DIE PSYCHOLOGIN:

Räumen Sie die Schublade mit den Süßigkeiten leer, und halten Sie es aus, wenn Ihre Kinder deswegen sauer sind.

Haben Sie zu Hause ein Süßigkeitendepot? Kaufen Sie Fruchtgummi, Chips und Limonade in größeren Mengen ein, wenn sie gerade im Angebot sind? Wenn solche Leckereien immer verfügbar sind, müssen Sie damit rechnen, dass sie auch verzehrt werden. Das gilt nicht nur für Kinder, sondern auch für Erwachsene.

In der Debatte über die in den westlichen Gesellschaften immer stärker ausgeprägte Adipositas spielt das Thema Zugänglichkeit eine entscheidende Rolle, und zwar im negativen wie im positiven Sinne: Um eine Veränderung herbeizuführen, müssen Eltern den Zugang ihrer Kinder zu Süßem nicht nur erschweren, sondern zugleich den zu gesunden Nahrungsmitteln erleichtern.

Was essen Ihre Kinder, wenn sie von der Schule nach Hause kommen? Brote mit süßem Aufstrich, Naschzeug und Kuchen sind für viele Kinder etwas völlig Alltägliches, um den schnellen Hunger zu stillen. Sie wissen auch genau, wo Süßigkeiten und Limo aufbewahrt werden. Süßes schmeckt gut und ist verlockend – selbst wenn daneben Karotten und Roggenbrot im Regal liegen, werden sich Kinder wohl nicht dafür entscheiden.

Um Gewohnheiten aufzubrechen, müssen Eltern die Verantwortung übernehmen. Es gibt keinen Grund dafür, Süßigkeiten, Kuchen und Limonade immer vorrätig zu haben. Kaufen Sie nur so viel Süßes ein, wie Sie auf einmal essen können beziehungsweise sollten. Sprechen Sie mit Ihren Kindern auch über gesunde Alternativen, und lassen Sie sie selbst ausprobieren. Wenn man sich an Chips und Kekse gewöhnt hat, ist es gar nicht so einfach, sich überhaupt andere leckere Dinge einfallen zu lassen. Geben Sie auch dann nicht auf, wenn Ihre Kinder anfangs sauer werden – und das werden sie bestimmt.

Es ist für Kinder mindestens so schwer wie für uns Erwachsene, Gewohnheiten zu ändern. Alle Menschen streben eine unmittelbare Bedürfnisbefriedigung an. Selbst wenn wir eigentlich abnehmen wollen, kann es schwierig sein, ein Stück Kuchen auszuschlagen. Machen Sie sich klar, dass es für Kinder noch schwieriger ist als für Sie selbst, auf ein langfristiges Ziel hinzuarbeiten und zu einer unmittelbaren Verlockung Nein zu sagen. Deshalb ist es so wichtig, dass Sie als erwachsene Person die Verantwortung für die Ernährung Ihrer Kinder übernehmen.

2.

Soll man jedes Eis dankend ablehnen?

„Manja hat uns mehrere Male überrascht, als sie Essen ablehnte, das ihr angeboten wurde. Sie war tatsächlich dermaßen standhaft, dass wir mit ihr darüber reden mussten, dass man auch mal Ja sagen darf. Wenn zum Beispiel der Lehrer der Klasse ein Eis spendiert, ist es natürlich völlig in Ordnung, das anzunehmen. Selbst in solchen Situationen hatten wir nämlich erlebt, dass sie ‚Nein, danke' sagte. Klar ist es toll, dass sie das kann, aber zwischendrin darf sie ruhig auch mal ein Eis oder ein Stück Kuchen essen. Es geht darum, die richtige Balance zu finden."

WINNIE LINDGAARD ÜBER IHRE TOCHTER MANJA

„Ich hatte es zuvor schon mit mehreren Diäten versucht. Da gab es eine, bei der ich überhaupt keine Stärke zu mir nehmen sollte, oder eine andere, bei der ich alle Zutaten wiegen musste. Da dreht sich dann das ganze Leben nur noch ums Essen, was für mich nicht funktioniert, weil es viel zu kompliziert ist. Den Gewichtsverlust, den ich damit erreichte, konnte ich auch nicht halten, sondern ich nahm jedes Mal nach kurzer Zeit wieder zu."

WINNIE LINDGAARD

DIE PSYCHOLOGIN:

Leben Sie vor, wie eine gesunde Balance aussehen kann.

Winnie hat schon einige mehr oder weniger restriktive Diäten ausprobiert, zum Beispiel solche, bei denen sie gänzlich auf Kohlenhydrate verzichten musste oder ihr ganzes Essen abgewogen hat. Damit steht sie wohl stellvertretend für viele andere Frauen. Als Eltern dürfen wir jedoch niemals vergessen, dass wir Rollenvorbilder sind, an denen sich unsere Kinder orientieren. Wir sollten ihnen daher keine Extreme vorleben.

Deshalb ist es wirklich toll, dass Winnie und Jesper ihre Tochter Manja dazu anleiten, eine gesunde Balance zu finden. Manja muss lernen, dass es durchaus okay ist, auch mal ein Eis zu essen. Es geht nicht um absoluten Verzicht, sondern ums Maßhalten – oder anders ausgedrückt: Es gibt eine Zeit für Karotten und Brokkoli, und es gibt eine Zeit für Eis, Süßkram und Kuchen. Langfristig ist eine Strategie des „Sowohl als auch" einem strengen „Entweder oder" weit überlegen.

Nicht nur die Gespräche mit Manja waren wichtig, sondern auch das Verhalten ihrer Eltern. Alles Reden hätte nichts genützt, wenn Winnie und Jesper selbst jedes Eis abgelehnt hätten. Sie mussten Manja vielmehr vorleben, dass Süßes in Maßen sehr wohl Bestandteil einer abwechslungsreichen Ernährung sein kann.

Mit dem Handvoll-Prinzip kommt das ganz automatisch. Winnie sagt dazu ganz klar: „Wir genießen es, dass man beim Handvoll-Prinzip alles Mögliche essen darf. Wir haben jetzt unsere Essensmenge unter Kontrolle, und das war genau das, was wir brauchten." Das Handvoll-Prinzip ist keine weitere Schlankheitskur, sondern dient als Zugang zu einem gesunden und ausgewogenen Verhältnis zur Ernährung.

3.

Wie bekommt man Lust auf Sport, wenn man sich schwer und langsam fühlt?

„Ich bin früher nicht viel gelaufen, dafür war ich einfach zu schwer. Aber jetzt habe ich damit angefangen und kann mittlerweile meiner Mutter davonlaufen. Ich spiele schon länger Floorball, gehe dreimal in der Woche zum Krafttraining und trainiere sogar zweimal wöchentlich eine U-11-Floorballmannschaft. Früher wollte ich meistens gar nicht zum Sport, weil ich nicht so schnell laufen konnte wie die anderen. Es war sehr unangenehm, immer der Langsamste zu sein. Heute gehöre ich eher zu den Schnellsten, und eine Freundin habe ich jetzt auch. Vor dem Computer sitze ich kaum noch, dazu fehlt mir inzwischen einfach die Zeit."

OLIVER STEPHANSEN

DIE PSYCHOLOGIN:

Sport gibt Selbstvertrauen, das dann auch bei anderen sozialen Aktivitäten hilft.

Gesundheit ist eine komplexe Angelegenheit, bei der körperliche, mentale und soziale Aspekte eine Rolle spielen. Sie wird beeinflusst von dem, was wir essen und trinken, wie hoch unser Aktivitätsniveau ist und wie wir mit uns selbst und mit anderen umgehen.

Oliver Stephansen ist ein Beispiel dafür, dass die Änderung von Gewohnheiten an einer Stelle oft Veränderungen in anderen Bereichen nach sich zieht. Die geänderten Ernährungsgewohnheiten der Familie setzten bei ihm eine Reihe positiver Entwicklungen in Gang.

Während Oliver vorher die meiste Zeit vor dem Computer verbrachte, hat er jetzt den Wunsch, körperlich aktiv zu sein. Er setzt generell ganz andere Prioritäten in seinem Leben.

Durch mehr Bewegung hat Oliver auch wieder ein gesundes Verhältnis zu seinem Körper bekommen. Er merkt jetzt, ob er hungrig oder satt ist. Mit dem Handvoll-Prinzip hat er seinen eigenen Weg gefunden und kann spüren, was sein Körper braucht. Er sagt dazu selbst: „Nach dem Sport esse ich gerne ein Stück Obst. Das braucht mein Körper dann, und ich fühle mich gut."

Mit der erhöhten körperlichen Aktivität gewann Oliver auch an Selbstbewusstsein. Er kann jetzt unter Berücksichtigung seines Alters und seiner Größe schneller laufen als seine Mutter und ist nicht mehr der Langsame in seiner Floorballmannschaft. Außerdem hat Oliver jetzt eine Freundin. Er versteckt sich nicht mehr hinter dem Computer, sondern hat ein gesundes Sozialleben.

4.

Ist es sinnvoll, auf Mahlzeiten zu verzichten?

„An Werktagen ließ ich Frühstück und Mittagessen ausfallen. Wenn ich dann gegen 14:30 Uhr von der Arbeit kam, war ich enorm hungrig, und alles lief aus dem Ruder. Im Grunde begann es bereits auf dem Heimweg, wenn ich mit extrem niedrigem Blutzuckerwert zum Einkaufen ging. Ich kam mit lauter Essen nach Hause, das nur dazu diente, den Hunger nach Zucker schnell zu befriedigen – Naschzeug, Schokolade, Kuchen, Weißbrot.

Auf dem Weg vom Supermarkt aß ich im Auto schon mal einen bis zwei Schokoriegel und zu Hause dann in der Regel drei Scheiben Roggenbrot mit Belag. Das Sättigungsgefühl hielt aber nicht lange an, also naschte ich noch vor dem Abendessen weitere Süßigkeiten oder Kuchen, die wir immer im Haus hatten. Das Ganze spülte ich mit zuckerhaltiger Limonade hinunter."

RIKKE TRABJERG

DIE PSYCHOLOGIN:

Wer hungrig ist, neigt zu ungesunden Sofortlösungen.

Rikkes Gewohnheit, auf Mahlzeiten zu verzichten, wird vielen bekannt vorkommen. Vielleicht dösen Sie selbst lieber noch ein bisschen, wenn der Wecker klingelt, stehen zu spät auf und schaffen es dann nicht mehr, zu frühstücken. Auf der Arbeit ist dann so viel los, dass Sie auch das Mittagessen ausfallen lassen.

Sie denken vielleicht sogar: „Ab heute mache ich Diät!" Dafür verzichten Sie aufs Frühstück, und mittags gibt es nur einen kleinen Salat. Im Büro werfen Sie höchstens einen verstohlenen Blick auf die Schale mit den Bonbons. Aber ob Sie nun bloß keine Zeit haben oder sich in einer Diät wähnen – in beiden Fällen werden Sie es kaum schaffen, beim Einkauf auf dem Heimweg keine Süßigkeiten, Schokolade oder Kuchen in den Einkaufswagen zu laden. Vielleicht machen Sie es dann wie Rikke und essen schon im Auto ein paar Schokoriegel, und zu Hause geht's dann weiter: Sie essen belegte Brote, Süßigkeiten, Kuchen und was Sie sonst so finden – schließlich sind Sie tatsächlich sehr hungrig.

Mit einem solchen Essmuster schaffen Sie ganz schlechte Voraussetzungen für eine Gewichtsabnahme. Wer hungrig ist, sucht schnelle, einfache Sättigung. Da ist es naheliegend, auf Schokolade, Kuchen oder Chips zurückzugreifen.

Genau hier kann das Handvoll-Prinzip sinnvoll zur Anwendung kommen. Es hilft Ihnen dabei, Ihre Mahlzeiten gut zu strukturieren, und mit wenigen einfachen Richtlinien haben Sie ein praktikables Hilfsmittel zur Hand, um Ihren Blutzuckerwert stabil zu halten. So minimieren Sie das Risiko, in die Unterzuckerungsfalle zu tappen.

Möglicherweise stellen Sie bald fest, dass Ihr Drang nach Süßem verschwindet, sobald Sie einen guten Essrhythmus gefunden haben, der für einen stabilen Blutzuckerwert sorgt. Dann können Sie selbst an den Auslagen der tollsten Bäckerei vorbeigehen, ohne in Versuchung zu geraten.

Natürlich wird Ihr Appetit auf Süßes nicht völlig verschwinden. Aber wenn Sie Lust auf etwas Zuckriges haben, können Sie versuchen, Ihr Hungergefühl genauer zu bestimmen. Ist es ganz handfest körperlich, oder steckt doch eine andere Ursache dahinter? Sind Sie gestresst, langweilen Sie sich, oder haben Sie einfach nur Lust auf etwas Süßes? Was verbirgt sich hinter Ihrem Hunger? Neben einem stabilen Blutzuckerwert ist dieses Wissen um die Bedürfnisse des eigenen Körpers entscheidend, um eine dauerhafte Gewichtsabnahme zu erreichen.

5.

Wie macht man Urlaub ohne Fast Food?

„Vor Kurzem waren wir alle fünf im Freizeitpark Lalandia. Früher hätten wir bei einem solchen Kurzurlaub viele Süßigkeiten, Kuchen und Fast Food gegessen und wären nicht besonders aktiv gewesen. Wir hätten zwar auch das Schwimmbad besucht, wären dort aber eher mit dem Futtern von Pommes frites als mit Schwimmen beschäftigt gewesen. So war es dieses Mal nicht, wir unternahmen an allen Tagen richtig viel. Wir spielten Badminton, benutzten die Sommerrodelbahn, schwammen und tobten im Spielland. Wir waren auch viel draußen auf den Spielplätzen und Hüpfburgen, und an einem Tag haben wir das Legoland besucht. Wir hatten viel Spaß zusammen und haben viel gelacht."

RIKKE TRABJERG

DIE PSYCHOLOGIN:

Überlegen Sie sich eine Strategie gegen Rückfälle im Urlaub.

Wenn man seinen Lebensstil ändern möchte, muss man sich unbedingt auch Gedanken über Urlaub, Feiertage und festliche Anlässe machen. Denn in diesen Ausnahmezeiten gibt es große Versuchungen. Im Alltag gelingt vielen Menschen eine gesunde Lebensroutine, die aber bei einigen zusammenbricht, wenn sie im Urlaub vom Kurs abgekommen sind.

Um das zu vermeiden, müssen wir uns auch für solche Ausnahmesituationen ein angemessenes Verhalten überlegen. Familie Trabjerg hat das geschafft. Früher hätten Süßigkeiten, Kuchen und Fast Food ihren Ausflug begleitet, und die Familie hätte im Schwimmbad mehr Zeit im Bistro als im Wasser verbracht. Jetzt sind sie alle zusammen aktiv, unternehmen viel und haben Spaß – da bleibt zum Schlemmen gar nicht mehr so viel Zeit.

Man darf bei aller Vorsicht jedoch nicht vergessen, dass es grundsätzlich in Ordnung ist, wenn man im Urlaub ein etwas anderes Essverhalten hat. Urlaub ist eben kein Alltag. Probieren Sie ruhig die typischen Spezialitäten der Urlaubsregion, und gönnen Sie sich und der Familie auch mal Fast Food, Eis oder Süßes, wenn alle wirklich Lust darauf haben. Wichtig ist nur, die Mengen im Auge zu behalten und nicht allzu sehr über die Stränge zu schlagen. Auch in den Ferien gilt es, die gesunde Balance nicht völlig aus dem Blick zu verlieren.

6.

Wie sagt man seinem Kind, dass es übergewichtig ist?

„Es war schwer, ihr zu sagen, dass sie zu dick war, sie war ja mit sich selbst und ihrem Aussehen zufrieden. Wenn wir das Thema ansprachen, erklärte sie unumwunden, sie finde sich selbst nicht dick. Es war ein großes Dilemma für uns, wir wollten ihr auf die bestmögliche Weise helfen, ohne ihr das Gefühl zu geben, sie sei ‚nicht gut genug'. Außerdem hatten wir ja auch noch zwei normalgewichtige Kinder, wie sollten wir also Manja helfen, ohne zwischen ihr und ihren Geschwistern einen Unterschied zu machen?

Es war eine schwierige Situation. Wir lösten sie, indem wir sowohl mit Manja als auch mit ihren Geschwistern ganz allgemein über das Thema Gesundheit sprachen. Anstatt uns auf Manjas überzählige Pfunde zu konzentrieren, machten wir also ein gemeinsames Projekt für die ganze Familie daraus, und das hat funktioniert."

WINNIE LINDGAARD

„Es sollte dabei auch nicht das Abnehmen, sondern die Gesundheit im Vordergrund stehen. Das gilt besonders, wenn Kinder mitmachen. Reden Sie darüber, was gesund und was ungesund ist. Machen Sie den Kindern bewusst, was der Körper braucht, und sorgen Sie dafür, dass die ganze Familie – auch der weitere Familienkreis – die Idee unterstützt. Die Chance auf Erfolg ist viel größer, wenn die Ernährungsumstellung ein gemeinsames Anliegen ist."

WINNIE LINDGAARD

„Mir war selbst aufgefallen, dass ich dicker war als viele andere, und als mir das bewusst wurde, mochte ich meinen Körper eine Zeit lang überhaupt nicht. Allerdings dachte ich eigentlich gar nicht über den Zusammenhang zwischen meinem Gewicht und meinen Essensgewohnheiten nach. Erst als ich anfing, mit meinen Eltern über gesundes Essen und gesunde Gewohnheiten zu sprechen, änderte sich das allmählich."

MANJA LINDGAARD

DIE PSYCHOLOGIN:

Machen Sie die Gesundheit zu einem Familienprojekt, und sprechen Sie nicht davon, eine Schlankheitskur zu machen.

Der Vorteil eines gesunden Lebensstils lässt sich gut bei Magnus, dem ältesten Sohn der Familie Lindgaard, verdeutlichen. Er ist normalgewichtig und fand es anfangs sehr unfair, dass Manjas Übergewicht auch für ihn Konsequenzen haben sollte. Nachdem er aber erlebt hat, wie positiv sich die gesündere Ernährung auf sein Fußballtraining auswirkte, änderte sich seine Einstellung. Magnus' Beispiel zeigt, dass eine Änderung des Lebensstils durchaus auch positive Folgen für die normalgewichtigen Familienmitglieder hat.

Konzentriert man sich bei der Hinwendung zum Handvoll-Prinzip eher auf den Aspekt Gesundheit als auf die Gewichtsabnahme, fallen Änderungen des Lebensstils viel leichter. Mit diesem Grundsatz ist es auch nicht notwendig, verschiedene Mahlzeiten für unterschiedliche Familienmitglieder zuzubereiten. So etwas wie eine spezielle „Schlankheitskost" ist dann gar nicht Teil des Projekts, das damit auch eine viel langfristigere Perspektive erhält.

Das Handvoll-Prinzip ist einfach und selbst mit einem hektischen Familienalltag gut zu vereinbaren. Die Familien hier im Buch sind dafür gute Beispiele. Mit dem Handvoll-Prinzip bereiten Sie vergleichsweise „normales", gesundes Essen für die ganze Familie zu, auch wenn es Ihnen nicht um Gewichtsabnahme geht. Nikolaj und Kasper Trabjerg drücken es so aus: „Das Handvoll-Prinzip passt gut für Kinder, weil darin auch Platz für den ‚Fredagsslik' und hin und wieder auch für ein Stück Kuchen ist. Ansonsten können wir weiterhin die Sachen essen, die wir immer gegessen haben."

Dass die Waage dadurch überflüssig wird, ist aus psychologischer Sicht ein weiterer Grund dafür, bei Ihren Ernährungsgewohnheiten den Fokus auf die Gesundheit und nicht auf die Gewichtsabnahme zu legen. Sie brauchen die Waage nicht, und Ihr Kind braucht sie erst recht nicht. Ich weiß genau, dass der Verzicht auf eine Waage bei vielen Menschen Ängste auslöst, weil regelmäßiges Wiegen ihr Gefühl unterstützt, die Kontrolle zu haben. Überlegen Sie aber einmal, was die von der Waage abgelesenen Werte bei Ihnen wirklich bewirken oder bewirkt haben: War es tatsächlich die Waage, die zu Ihrer eventuellen Gewichtsabnahme geführt hat? Oder hat sie nicht vielmehr oftmals Ihren Tag bestimmt? Haben die Werte, die sie Ihnen morgens angezeigt hat, darüber entschieden, ob es ein guter oder ein schlechter Tag wird? Wenn das Wiegen schon auf Sie als erwachsenen Menschen einen solchen Einfluss hat, wie wird es sich dann wohl auf ein Kind auswirken?

Stellen Sie sich vor, Ihr Kind hat die ganze Woche gesund gelebt, doch die Waage zeigt keine Veränderung. Wie reagiert wohl ein Kind darauf, das seine Eltern stolz machen und nicht enttäuschen möchte? Meine klare Empfehlung lautet daher: Wiegen Sie Ihr Kind nicht! Ich rate Ihnen sogar, sich selbst nicht zu wiegen. Wenn Sie es dennoch tun wollen, sollten Sie die Waage wenigstens nicht offen herumstehen lassen, sondern nur bei Bedarf hervorholen. Es gibt auf jeden Fall keinen vernünftigen Grund, Kinder und Jugendliche regelmäßig zu wiegen.

Als Eltern tragen wir Verantwortung für die Gesundheit unserer Kinder, und wir müssen uns der Welt bewusst sein, in der sie leben. Die sozialen Medien sind voll mit perfekten Körpern und künstlichen Idealen, denen man kaum oder gar nicht gerecht werden kann. Viele Kinder und Jugendliche konzentrieren sich deshalb viel zu sehr auf ihren Körper und ihr Gewicht und haben dann nach dem Essen ein schlechtes Gewissen. Obwohl ihre Eltern Winnie und Jesper immer sehr vorsichtig waren, wenn sie mit Manja über ihr Übergewicht sprachen, kannte wohl auch die zwölfjährige Manja Lindgaard dieses schlechte Gewissen nur allzu gut.

Die Ergebnisse einer Befragung von 1400 Mädchen und Jungen aus der 9. Klasse, die der dänische Kinderschutzbund Børnerådet im Jahr 2016 unternommen hat, besagen, dass 41 Prozent der befragten Mädchen häufig ein sehr schlechtes Gewissen haben, wenn sie Süßigkeiten essen. Außerdem wiesen 23 Prozent der Mädchen und 9 Prozent der Jungen aufgrund ihrer Einstellung zum Essen ein erhöhtes Risiko auf, eine Essstörung zu entwickeln. Eltern dürfen diese Tendenz keinesfalls verstärken, sondern müssen ihr vielmehr etwas entgegensetzen. Aus diesem Grund sollten wir alle wie Familie Lindgaard unser Augenmerk auf die Gesundheit richten und nicht auf die Gewichtsabnahme.

7.

Wie sagt man „Nein" zu seinen Kindern?

„Seit meiner Kindheit gehörten Liebe und Süßigkeiten zusammen. Mein Vater drückte seine Zuneigung immer mit Naschzeug und Kuchen aus. Ganz egal, ob es um Trost, Anerkennung, Fürsorge oder andere positiv besetzte Gefühle ging, sie waren von Süßem begleitet. Dieses Muster hatte ich übernommen und war gut zu mir und meinen Kindern, indem ich mich selbst und unsere Jungen mit Kuchen, Süßigkeiten und Broten mit Nuss-Nugat-Creme verwöhnte."

RIKKE TRABJERG

„Am Anfang war es schwer für mich, nicht nachzugeben. Beide waren es überhaupt nicht gewohnt, von mir oder ihrem Vater ein Nein zu hören. Es fiel mir gerade deshalb so schwer, ihnen ihre Wünsche abzuschlagen, weil Liebe und gutes Essen für mich seit meiner Kindheit eng miteinander verbunden waren. Ich hatte das Gefühl, sie mit meinem Nein im Stich zu lassen."

RIKKE TRABJERG

DIE PSYCHOLOGIN:

Ein Nein schadet Kindern nicht, wenn es ein Ausdruck von Liebe ist!

Wer kennt nicht den Satz: „Hier hast du ein paar Gummibärchen, dann ist es gleich wieder gut"? Vielleicht hat man es uns in der eigenen Kindheit gesagt, oder wir haben selbst als Eltern zu dieser Lösung gegriffen. Oft trifft beides zu.

Gewohnheiten, die mit dem Essen zu tun haben, werden weitergegeben. Es ist überhaupt nicht verwunderlich, dass Rikke Trabjerg das Muster ihrer eigenen Kindheit auf sich als Mutter übertragen hat. Essen war für sie eine Möglichkeit, sich selbst und ihren Jungs etwas Gutes zu tun.

Dieses Muster kann nur durchbrochen werden, wenn sich die Eltern als Verantwortliche diese „Erblinie" bewusst machen und verstehen, dass es kontraproduktiv ist. Das ist jedoch nicht einfach und erfordert Entschlossenheit und Durchhaltevermögen. Liebende Eltern werden leicht nachgiebig, wenn die Kinder Süßigkeiten und Knabbereien vermissen, besonders wenn das Muster, Liebe mit Leckereien gleichzusetzen, ihre eigene Erziehung geprägt hat. Rikke und Brian haben aber zusammen als Eltern die Verantwortung übernommen und sind standhaft geblieben. Die Verantwortung, das betont Rikke vollkommen zutreffend, liegt nämlich niemals bei den Kindern.

Man muss Kinder, denen Süßigkeiten verweigert werden, auch nicht bedauern. Im Gegenteil: Es wäre schlecht für sie, wenn man ihnen nicht Einhalt gebieten würde! Rikkes und Brians Söhne Nikolaj und Kasper erzählen, wie schnell sie sich daran gewöhnt und ihre Verärgerung über das Nein ihrer Eltern überwunden haben. Heute sind sie froh über die dadurch ausgelösten Veränderungen. „Es ist ein gutes Gefühl, nicht mehr unangenehm aufzufallen und angestarrt zu werden", findet Nikolaj, der heute beim Badminton körperlich mithalten kann. Dieser Kommentar sagt doch alles.

Man muss also Kinder nicht bemitleiden, wenn ihre Eltern Verantwortung und Liebe zeigen, indem sie vorangehen und den Kindern einen neuen Weg aufzeigen. Die Eltern durchbrechen eine dysfunktionale Angewohnheit und bringen ihren Kindern eine neue, gesunde Lebensweise bei.

8.

Wie lernt man, sich selbst und andere zu lieben?

„Im Juli 2016 hatte ich einen Tiefpunkt erreicht. Das Verhältnis zwischen Brian und mir war zu diesem Zeitpunkt so schlecht, dass wir beschlossen hatten, uns zu trennen. Ich wog zu diesem Zeitpunkt 130 Kilogramm, und mit einem solchen Gewicht fiel es mir schwer, mich selbst zu mögen. Wenn man sich aber selbst nicht mag, kann man auch keine Liebe an andere weitergeben. Mein Mann und ich waren nur noch eine Zweckgemeinschaft, bei der es einzig um das Wohl der Kinder ging.

Wenn die Kinder nicht da waren, ließen wir uns getrennt voneinander aufs Sofa fallen, und der Keksteller stand fast wie eine physische Barriere zwischen uns. Mir ging es enorm schlecht, und ich sah keine Lösung für meine Probleme."

RIKKE TRABJERG

DIE PSYCHOLOGIN:

Die Gewichtsabnahme kann einen psychologischen Wendepunkt markieren.

Es gibt einen Zeitpunkt, an dem man sich selbst aufgibt. Der war bei Rikke Trabjerg gekommen, als sie 130 Kilogramm wog. Sie mochte sich selbst nicht mehr, und darum war es auch schwierig für sie, eine enge Beziehung zu ihrem Ehemann Brian aufrechtzuerhalten. Die Änderung des Lebensstils der Familie und die Gewichtsabnahme wurden daher für Rikke zu einem Wendepunkt. Ihr eröffnete sich ein Weg, ihre eigenen Probleme und die ihrer Familie ernst zu nehmen. Die Gewichtsabnahme führte bei Rikke nicht nur zu einer körperlichen, sondern auch zu einer psychischen Veränderung. Mit dem Erfolg stieg ihre Selbstachtung. Sie mag sich jetzt selbst lieber und hat mehr Energie und Kraft. Von der Änderung des Lebensstils profitiert also nicht nur sie selbst, sondern natürlich auch ihre Umgebung, allen voran Brian und die Kinder.

Rikkes Geschichte gibt Hoffnung. Auch Sie können den eingeschlagenen Weg für sich und Ihre Familie ändern. Aber dazu ist es notwendig, dass Sie sich selbst Aufmerksamkeit schenken. Sie sind wichtig: Sie sind Mutter, Ehefrau, Schwester, Kollegin, Freundin – und nicht zuletzt sind Sie eine eigenständige Person! Wenn Sie anfangen, sich selbst bewusst wahrzunehmen, erhöht das Schritt für Schritt Ihre Selbstachtung. Mit der Zeit können Sie sogar lernen, sich selbst zu lieben. Glauben Sie mir, das kann auch Ihnen gelingen. Gehen Sie es an, und machen Sie einen Schritt nach dem anderen.

9.

Wie sichert man sich die Unterstützung der Verwandtschaft?

„Manjas Großeltern, die wir oft sehen, sind mit an Bord – das ist für uns als Eltern natürlich eine Erleichterung. Von Anfang an haben sie die Chipstüten weggeräumt, bevor wir kamen, und meine Schwiegermutter verwendet für Würstchen im Teigmantel jetzt Vollkornmehl und kauft Eis, das mit Milch hergestellt ist statt mit Sahne. Eine solche Unterstützung durch die Familie ist eine große Hilfe."

WINNIE LINDGAARD

DIE PSYCHOLOGIN:

Gemeinschaft ist einer der wichtigsten Schlüssel zum Erfolg.

Gemeinsam lassen sich Schwierigkeiten besser bewältigen. Die Unterstützung durch andere ist ganz entscheidend, denn Gewichtsabnahme und die Änderung von Gewohnheiten sind nicht einfach. Schauen Sie sich mal um, möglicherweise gibt es in Ihrer Familie oder Ihrem Bekanntenkreis einige, die gerne ein wenig abnehmen oder einfach gesünder leben würden, vielleicht sogar schon seit Jahren. Es wären gewiss weniger Leute, wenn das so einfach ginge. Deshalb ist es wichtig, sich „Verbündete" zu suchen. Gemeinschaft ist einer der wichtigsten Schlüssel zum Erfolg.

Für alle vier im Buch vorgestellten Familien war die Änderung ihres Lebensstils ein Familienprojekt, und gelegentlich reichte die Unterstützung auch über die Kernfamilie hinaus. Winnie Lindgaard betont, dass Manjas Großeltern die Bemühungen der Familie mitgetragen haben, und Rikke Trabjerg ist einer Kollegin sehr dankbar, die ihr eine unschätzbare Hilfe war. Bitten Sie Ihr Umfeld ruhig um Hilfe – die meisten Menschen sind sehr gerne für andere da, wenn man sie fragt. Der Beistand Ihrer Lieben wird Ihnen helfen, in schwierigen Zeiten nicht aufzugeben.

10.

Wie schafft man es, auch bei Stress nicht aufzugeben?

„Für unsere neuen Ernährungsgewohnheiten und den gesünderen Lebensstil war und bin ich zuständig. In einer hektischen Phase, wenn der Tag nicht genug Stunden zu haben scheint, ist es manchmal schwierig, Rezepte zu finden, einen Essensplan aufzustellen und den entsprechenden Großeinkauf zu machen. Wenn ich das mal nicht schaffe, schleichen sich gleich wieder die alten Gewohnheiten mit improvisierten Lösungen und Fertiggerichten am Abend ein. Das kann dann schon ein paar Pfunde mit sich bringen. Besonders leicht passiert das im Dezember mit seinen vielen Feiern und Verlockungen."

WINNIE LINDGAARD

DIE PSYCHOLOGIN:

Akzeptieren Sie ab und zu einen Schlingerkurs, und bleiben Sie trotzdem dran.

Eines muss uns klar sein, wenn wir beginnen, unseren Lebenstil zu ändern: Es wird immer mal Widerstände und Tage geben, an denen die gewünschte Entwicklung Umwege geht oder zum Stillstand kommt. Kurven und unerwartete Ereignisse sind ganz natürliche und unvermeidliche Abschnitte auf dem Weg zu einer dauerhaften Änderung des Lebensstils. Wenn wir etwas anderes erwarten, können wir nur enttäuscht werden. Wenn sich dann Abläufe anders entwickeln als geplant, glaubt man, versagt zu haben, und gibt vielleicht auf. Das ist menschlich, denn niemand mag das Gefühl, erfolglos zu sein. Deshalb ist es wichtig, dass Sie von Anfang an darauf vorbereitet sind, auf Ihrem Weg auch mal ins Straucheln zu geraten.

Gerade unter Stress wenden wir uns oft automatisch wieder alten Gewohnheiten zu. Selbstvorwürfe helfen dann aber nicht weiter, vielmehr müssen Sie in einem solchen Fall nach vorne schauen. Schließen Sie die Esskiste, und kehren Sie zu Ihrer vernünftigen, gesunden Lebensweise zurück, auch und gerade wenn Sie nicht nur für eine einzelne Mahlzeit, sondern für einen längeren Zeitraum vom Weg abgewichen sind. Versuchen Sie, sich auf das zu konzentrieren, was funktioniert beziehungsweise funktioniert hat. Bestimmt haben Sie nicht alle guten Gewohnheiten wieder aufgegeben.

Vielleicht haben Sie sogar bei den meisten Mahlzeiten vernünftig gegessen, sich aber zwischendrin für etwas weniger Sinnvolles entschieden. Eine Phase der Disziplinlosigkeit bringt Ihnen möglicherweise wieder ein paar Pfunde ein, aber die Möglichkeit einer dauerhaften Gewichtsabnahme steht Ihnen ja weiterhin offen – Sie dürfen nur nicht aufgeben. Beharrlichkeit gehört zu den wichtigsten Eigenschaften, wenn man sein Gewicht dauerhaft reduzieren möchte. Leichte Gewichtsschwankungen auf dem Weg dahin sind ganz normal. Wenn Sie ihn weitergehen, erreichen Sie das Ziel trotzdem.

11.

Wie kann man mit dem Handvoll-Prinzip Übergewicht vorbeugen?

„Wir benutzen das Handvoll-Prinzip als Leitfaden für eine gesunde Ernährung. Ich verwende die ‚Handvoll'-Bücher oft als Nachschlagewerke und versuche, in Esskisten und Handvoll zu denken. Dadurch weiß ich, was auf dem Teller liegen soll.

Die Essensgewohnheiten sind in verschiedenen Ländern sehr unterschiedlich. Wir reden in der Familie viel darüber, welches Essen gesund ist, und ernähren uns entsprechend. An den ersten Tagen in ihren neuen Schulen waren die Jungs regelrecht schockiert über die Lunchpakete der amerikanischen Kinder. Sie erzählten, ihre Klassenkameraden hätten Süßigkeiten und Chips in der Schule dabei. Das typische amerikanische Lunchpaket besteht aus einer kleinen Tüte Chips, weißem Toastbrot mit Erdnussbutter und Pfannkuchen mit Sirup, dazu gibt es dann noch eine Limonade. In der Welt unserer Jungs sind das eher Nachspeisen oder etwas Besonderes am Wochenende. Auch das Essen in den Schulkantinen ist ungesund, deshalb nehmen unsere Jungen lieber etwas von zu Hause mit."

DORTHE ØSTERLUND

DIE PSYCHOLOGIN:

Diese Methode ist als Bollwerk gegen einen ungesunden Lebensstil sehr effektiv.

Das Handvoll-Prinzip bietet einfache Richtlinien für ein gesundes Leben. Sie können ohne Probleme Ihr gewohntes Essen an das Handvoll-Prinzip anpassen. Es gibt keine Verbote, Sie müssen lediglich Ihrem gesunden Menschenverstand folgen. Daher eignet sich das Handvoll-Prinzip auch so gut für ganze Familien, trotz der unterschiedlichen Anforderungen und Bedürfnisse der einzelnen Mitglieder. Sie können es anwenden, wenn Sie abnehmen wollen oder auch einfach nur ein bisschen gesünder leben möchten.

Genau deshalb schätzt auch Familie Østerlund das Handvoll-Prinzip so sehr. Nach dem Umzug in die USA diente es der Familie als Leitfaden für einen gesunden Lebensstil. Zwar hatte niemand in der Familie wirkliche Probleme mit Übergewicht, aber die Østerlunds hielten sich an diese Ernährungsgrundsätze, um die Auswirkungen unvernünftiger US-amerikanischer Essgewohnheiten zu vermeiden. Damit hat die Familie eine gute Wahl getroffen. Das Handvoll-Prinzip stützt sich auf völlig normale Nahrungsmittel, und trotzdem haben Mads-Emil und Valdemar sofort bemerkt, wie stark sich ihre Essgewohnheiten von denen ihrer US-amerikanischen Altersgenossen unterschieden.

Dorthe und Jesper Østerlund haben als Eltern Verantwortung übernommen und sich dafür entschieden, ihren Jungen anhand des Handvoll-Prinzips ein vergleichsweise ausgeprägtes Gesundheitsbewusstsein zu vermitteln. Dies versetzt ihre Söhne in die Lage, bezüglich ihres Essens gute Entscheidungen zu treffen.

12.

Wie ändert man eine Gewohnheit am besten?

„Ich beginne immer noch wie früher jeden Tag mit Haferflocken, aber ich streue jetzt keinen Zucker mehr darüber. Obwohl mir das am Anfang schwerfiel, würde es mir heute im Traum nicht mehr einfallen, meine Haferflocken zu zuckern. Wenn man Gewohnheiten ändern will, darf man nicht zu schnell aufgeben."

OLIVER STEPHANSEN

DIE PSYCHOLOGIN:

Allzu radikale Änderungen sind selten von Dauer.

Wenn wir Gewohnheiten ändern wollen, muss dies auf der Basis der bestehenden Umstände und in eher kleinen Schritten geschehen. Versucht man, Essgewohnheiten von einem Tag auf den anderen radikal zu ändern, wird der Erfolg meistens nicht nachhaltig sein. Macht man beispielsweise eine Diät, die beinhaltet, dass man Pülverchen anrührt oder Spezialnahrung zubereitet, hat das nicht viel mit dem zu tun, was man normalerweise isst. So etwas funktioniert zwar in der Regel eine Zeit lang, aber dann schlägt der Alltag wieder zu, und wir fallen erneut in die alten Essgewohnheiten zurück.

Beim Handvoll-Prinzip ist dagegen Ihr gewohntes Essen der Ausgangspunkt. Wenn Sie gerne Frikadellen oder Nudeln mit Hackfleischsoße essen, können diese auch weiterhin auf dem Speiseplan stehen. Sie müssen auch nicht in irgendwelche Spezialgeschäfte, sondern kaufen ein wie immer. Bleiben Sie grundsätzlich bei Ihren Essensgewohnheiten und Lieblingsgerichten, und überlegen Sie einfach, ob und wie diese mit ein paar Veränderungen ein wenig gesünder gestaltet werden können.

Wie das geht, sieht man am Beispiel von Oliver Stephansen. Der erzählt, dass er zum Frühstück schon immer gerne Haferflocken gegessen hat und das auch noch macht, nachdem die Familie das Handvoll-Prinzip eingeführt hat. Er lässt jetzt jedoch den zusätzlichen Zucker weg, was für ihn inzwischen ganz selbstverständlich geworden ist. Wenn Sie selbst sich nur schwer vorstellen können, Haferflocken ohne Zucker zu essen, beginnen Sie damit, die Zuckermenge zu reduzieren. Es kommt auf die kleinen, aber dauerhaften Änderungen von Gewohnheiten an. Genießen Sie Ihre Haferflocken mit wenig Zucker, und essen Sie die anderen beiden Mahlzeiten des Tages nach dem Esskistenmodell des Handvoll-Prinzips. Dann sind Sie bereits auf einem guten Weg zu neuen, gesünderen Gewohnheiten.

13.

Wie vermeidet man ungesunde Spontankäufe?

„Von Anfang an haben wir unsere Mahlzeiten und den Einkauf geplant, um nicht wieder in die Situation zu kommen, im Supermarkt zu stehen und nicht zu wissen, was wir essen sollten. Denn genau dann neigt man dazu, unvernünftig einzukaufen. Für uns hat funktioniert, dass wir durch intelligente Planung und die vorgegebene Struktur dem Hunger immer einen Schritt voraus waren.

Es gibt ein paar Lebensmittel, die uns nie ausgehen sollten, zum Beispiel Mandeln, dunkle Schokolade, Karotten, Eier und Joghurt. Besonders zu Beginn waren Joghurt und Mandeln für uns wichtig, weil sie wunderbar Eis und Chips ersetzen konnten. Wir hatten auch immer Light-Limonade im Haus. Wenn sich das Verlangen nach Süßem meldete, tranken wir ein Glas davon, und damit war es meistens gut."

BETINA STEPHANSEN

DIE PSYCHOLOGIN:

Eine gute Planung im Voraus hilft, vernünftig einzukaufen.

Diese Situation ist Ihnen bestimmt nicht fremd: Sie stehen gegen Ende eines hektischen Tages im Supermarkt und wissen nicht recht, was abends auf den Tisch kommen soll und was demzufolge eingekauft werden muss. Vielleicht sind die Kinder dabei, die genauso hungrig sind wie Sie. Sie müssen sich entscheiden, es soll schnell gehen, und so wird es wieder Tiefkühlpizza. Sie wissen zwar, dass ein wenig Salat dazu vernünftig wäre, aber Sie haben keine Lust, ihn zuzubereiten. Dafür fahren sie auf dem Heimweg noch beim Bäcker vorbei und kaufen für jedes Kind und für sich selbst Schokohörnchen, damit im Auto schon mal der schlimmste Hunger gestillt werden kann und erst mal Ruhe ist.

Betina Stephansen hat etwas ganz Zentrales erfasst, wenn sie Planung und Struktur als Schlüsselaspekte für eine erfolgreiche Änderung des Lebensstils nennt. Eine Änderung des Lebensstils erfordert eine Änderung der Gewohnheiten. Gewohnheiten sind Automatismen, über die wir nicht nachdenken. Wenn wir im Vorfeld nicht ganz bewusst etwas anderes planen, greift die Gewohnheit: Pizza und Schokohörnchen. Eine Änderung des Lebensstils macht daher das Entwerfen und Beibehalten einer strukturierten Planung erforderlich. Erst wenn dieser neue Lebensstil selbst zur Gewohnheit geworden ist, kann die Planung wieder etwas lockerer geschehen. Dann sind die neuen Gewohnheiten schon so gefestigt, dass Sie auch in außergewöhnlichen Situationen gesunde Entscheidungen treffen. Auch wenn mal keine Zeit war, das Abendessen zu planen, wissen Sie dann, was Sie für eine gesunde Mahlzeit kaufen müssen. Im Auto liegen immer ein paar Mandeln und etwas dunkle Schokolade, falls die Kinder oder Sie selbst Hunger bekommen sollten. Ihr neuer Lebensstil ist nun zu einer Gewohnheit geworden.

Aber der Weg dorthin erfordert Geduld, und Sie müssen lernen vorauszudenken. Die Änderung des Lebensstils passiert nicht von einem Tag auf den anderen. Es ist auch normal, dass Sie zwischendrin immer wieder mal in alte Gewohnheiten zurückfallen. Versuchen Sie, schnell auf den richtigen Weg zurückzukehren und beim nächsten Mal wieder eine gesunde und vernünftige Mahlzeit zuzubereiten – dann bleibt der Ausreißer folgenlos. Sie schließen einfach die Esskiste und gehen zur nächsten weiter, die sie nach dem Handvoll-Prinzip füllen. Wenn Sie das tun, werden Sie letztlich das Ziel erreichen, Ihren Lebensstil hin zu einer gesünderen Ernährungsweise zu ändern.

Rezepte

TIPP
Auf Seite 296 finden Sie die Grundlagen zur Nährwert- und Kalorienberechnung für die Rezepte dieses Buches.

Bei Rezepten auf Basis des Esskistenmodells für Kinder und Jugendliche wird mehr Stärke und/oder Obst verwendet als bei anderen Rezepten.

Erwachsene haben fünf verschiedene Möglichkeiten, solche Rezepte an ihren Bedarf anzupassen:

1. Sie können sich mit einer einzigen Handvoll Nr. 4 begnügen und damit die in den Rezepten zusätzlich enthaltene Stärke und/oder das Obst ausgleichen. Sie können das Obst jederzeit durch Gemüse ersetzen.

2. Enthält ein Rezept zwei Handvoll Stärke (Brot, Nudeln, Reis, Kartoffeln o. Ä.) für eine Mahlzeit, können Sie gerne beide Handvoll essen, wenn Sie dafür eine Handvoll Stärke in einer der anderen Esskisten des Tages einsparen. Stärke wird zur Handvoll Nr. 4 gerechnet.

3. Wenn Sie gerne Obst essen, können Sie versuchen, Obst als Teil von Handvoll Nr. 2* zu rechnen, so wie das bei Kindern und Jugendlichen gemacht wird. Laut Empfehlungen zum Beispiel der Deutschen Gesellschaft für Ernährung sollte man am Tag jedoch nicht mehr als 300 Gramm Obst zu sich nehmen.

4. Sie können auch das „Zwei-aus-drei-Prinzip" anwenden, bei dem zwei Mahlzeiten dem Esskistenmodell für Erwachsene auf Seite 19 entsprechen und die dritte Mahlzeit nach eigener Wahl zusammengestellt wird. Dabei sollten Sie jedoch Ihre Vernunft walten lassen. Das heißt, Sie können jedes Gericht im Buch essen, solange jeden Tag zwei Ihrer Esskisten dem Esskistenmodell für Erwachsene entsprechen.

5. Wenn Sie sich nicht näher mit dem Aufbau einer Esskiste beschäftigen wollen, dann essen Sie einfach nach Rezept und denken nicht weiter darüber nach.

Wenn in einem Rezept eine Handvoll nicht verwendet wird, können Sie selbst weiteres Gemüse bei Handvoll Nr. 2* ergänzen. Genauso können Sie Fleisch, Geflügel, Fisch, Schalentiere, Eier, mageren Käse oder Hülsenfrüchte bei den Rezepten hinzufügen, bei denen es keine Handvoll Nr. 3 gibt. Falls in einer Esskiste Platz dafür ist, können Sie selbst Fett, Milchprodukte oder auf Milchprodukten basierendes Dressing hinzufügen.

Frühstück

1.
40 g Fünfkornflocken
250 g Joghurt (1,5 % Fett)
½ Banane
50 g Brombeeren
15 g Haselnüsse
2.
30 g Cornflakes
300 ml Magermilch
50 g Himbeeren
4.
100 g Haferflocken
250 ml Magermilch
2 TL Zucker
10 g Rosinen

Wochentagsfrühstück für Kinder und Jugendliche

HINWEIS: *Beim Handvoll-Prinzip ist nur eine einzige Regel zu beachten, nämlich dass zwei der drei Esskisten nach dem Esskistenmodell auf den Seiten 19 und 21 gefüllt werden.*

Daher kann das Frühstück gerne auch eine ganz andere Zusammensetzung haben und zum Beispiel aus einem Frühstücksprodukt auf Milchbasis bestehen – dies gilt auch für Erwachsene. Mehr Informationen dazu finden Sie auf Seite 119 unter Punkt 4.

Jedes Frühstück auf dem Bild entspricht einer kleinen Esskiste.

TIPP
Wählen Sie für den Pfannkuchen die Füllung, die Ihrer Familie am besten schmeckt.

TIPP
Servieren Sie zum Pfannkuchen ein wenig Ketchup oder eine süße Chilisoße.

Gefüllte Frühstückspfannkuchen

ZUBEREITUNGSZEIT: *20 Minuten*

MENGE FÜR: *4 Personen*

HINWEIS: *Sie sparen Zeit, wenn Sie mit zwei Pfannen arbeiten. Die gefüllten Pfannkuchen können im Backofen warm gehalten werden.*

PFANNKUCHENTEIG:

40 g Grahammehl
120 g Weizenmehl
1 TL Salz
1 Messerspitze Pfeffer
400 ml Milch

FÜLLUNG:

8 Eier
4 Scheiben Käse (mindestens 18 % Fett absolut)
2 Frühlingszwiebeln
1 rote Paprikaschote
200–300 g Spinatblätter
8 Scheiben Kassler

AUSSERDEM:

20 g Butter
nach Belieben ein wenig Ketchup oder süße Chilisoße

Beide Mehlsorten mit Salz und Pfeffer in eine Schüssel geben. Die Milch hinzufügen und das Ganze zu einem dünnen, homogenen Teig verrühren.

Die Eier in einer kleinen Schüssel verquirlen. Die Käsescheiben halbieren. Die Frühlingszwiebeln und die Paprikaschote in dünne Scheiben schneiden. Den Spinat waschen und in einem Sieb oder auf einem sauberen Tuch abtropfen lassen.

Einen Teelöffel Butter in einer beschichteten Pfanne schmelzen und ein Viertel des Teiges hineingießen. Den Teig wie bei einem normalen Pfannkuchen in der Pfanne verteilen. Wenn der Pfannkuchen fest geworden ist und Farbe angenommen hat, vorsichtig wenden.

Jetzt die Hitze reduzieren, ungefähr ein Viertel der verquirlten Eier auf den gebackenen Pfannkuchen gießen und gleichmäßig verteilen – auch am Rand und ein wenig an den Seiten der Pfanne. Wenn die Eimasse nach 4–6 Minuten fest geworden ist, den Pfannkuchen erneut wenden, allerdings nur für 10–15 Sekunden. Noch einmal wenden, sodass die Eimasse wieder oben ist.

Die Füllung der Länge nach in der Mitte des Pfannkuchens verteilen: zwei halbe Scheiben Käse, Frühlingszwiebeln, zwei Scheiben Kassler, Paprika und Spinat. Den Pfannkuchen von einer Seite über die Füllung zur Mitte klappen und für 10–20 Sekunden leicht nach unten drücken. Nun die andere Seite über die Füllung falten, damit der Pfannkuchen geschlossen ist, und nach unten drücken, bis er die Form von selbst hält.

SO IST DIE ESSKISTE GEFÜLLT:

HANDVOLL NR. 1 UND HANDVOLL NR. 2*: *Frühlingszwiebel, Paprika, Spinat*

HANDVOLL NR. 3: *Ei, Kassler*

HANDVOLL NR. 4: *Mehl*

FETT: *Käse, Butter*

MILCHPRODUKT: *Milch*

GEWÜRZE: *Salz, Pfeffer, nach Belieben Ketchup oder süße Chilisoße*

Das Rezept wurde auf der Basis des Esskistenmodells für Erwachsene entwickelt. Die Aufteilung für Erwachsene, Kinder und Jugendliche ist hier identisch.

1 Portion enthält 494 kcal · Protein: 32 g · Kohlenhydrate: 37 g · Ballaststoffe: 5 g · Fett: 23 g

Joghurt mit Rhabarberkompott, Nussmüsli und Knäckebrot mit Käse

ZUBEREITUNGSZEIT: *40 Minuten*

MENGE FÜR: *4 Personen*

HINWEIS: *Das Rhabarberkompott und das Nussmüsli können Sie schon am Vortag zubereiten, beides reicht für zwei Tage.*

RHABARBERKOMPOTT, 8 PORTIONEN:

400 g Rhabarber, gefroren
50 ml Wasser
80 g Zucker
1 TL gemahlene Vanille

NUSSMÜSLI, 8 PORTIONEN:

50 g Haselnüsse
50 g Mandeln
50 g Kürbiskerne
50 g Sesamsamen
3–4 TL Honig

AUSSERDEM:

800 g Joghurt
6 Scheiben grobes Vollkornknäckebrot
10 Scheiben Käse (höchstens 17 % Fett absolut)

SO IST DIE ESSKISTE GEFÜLLT:

HANDVOLL NR. 1 UND HANDVOLL NR. 2*: *Rhabarber*

HANDVOLL NR. 3: *Käse*

HANDVOLL NR. 4: *Knäckebrot*

FETT: *Nüsse, Kerne und Samen*

MILCHPRODUKT: *Joghurt*

GEWÜRZE UND SÜSSUNGSMITTEL: *Zucker, gemahlene Vanille, Honig*

Das Rezept wurde auf der Basis des Esskistenmodells für Erwachsene entwickelt. Die Aufteilung für Erwachsene, Kinder und Jugendliche ist hier identisch.

Den Rhabarber mit Wasser, Zucker und der gemahlenen Vanille in einem Topf 10–15 Minuten kochen, bis er weich ist. Falls erforderlich, das Kompott mit mehr Zucker abschmecken.

Die Nüsse, Mandeln und Kürbiskerne grob hacken und zusammen mit den Sesamsamen in einer Pfanne ohne Fett rösten. Etwas Honig darübergeben und die Kerne auf Backpapier abkühlen lassen. Bewahren Sie das Müsli in einem Glas mit Deckel auf.

Servieren Sie den Joghurt mit Rhabarberkompott und Nussmüsli zusammen mit dem Knäckebrot mit Käse.

TIPP Das Rhabarberkompott hält sich im Kühlschrank ein bis zwei Wochen.

TIPP Bereiten Sie eine große Portion Nussmüsli zu. Das Müsli ist in einem Glas mehrere Wochen haltbar.

TIPP Sie können anstelle von Zucker oder Honig auch Süßstoff verwenden, mit Blick auf die Kalorienmenge ist dies jedoch nicht nötig.

1 Portion enthält 508 kcal · Protein: 30 g · Kohlenhydrate: 40 g · Ballaststoffe: 7 g · Fett: 23 g

TIPP
Wenn Sie allergisch auf bestimmte Nusssorten reagieren, ersetzen Sie diese durch für Sie verträgliche Nüsse, Kerne oder Samen.

BITTE BEACHTEN!
Rhabarber ist ein Gemüse und zählt zu Handvoll Nr. 1 und Handvoll Nr. 2.*

TIPP
Die Waffeln können bereits am Vortag zubereitet und dann wieder aufgewärmt werden.

Bananenwaffeln mit Vanille-Skyr, Himbeeren und dunkler Schokolade

ZUBEREITUNGSZEIT: *30 Minuten*

MENGE FÜR: *4 Personen*

HINWEIS: *Auf den Seiten 22/23 wird beispielhaft gezeigt, wie das Gericht auf die Familie aufgeteilt werden kann.*

WAFFELN:

2 reife Bananen
4 Eier
75 g Weizenmehl, am besten Vollkornweizenmehl
40 g Haferflocken
1 TL Backpulver
½ TL Salz
½ TL gemahlene Vanille
½ TL Kardamom
40 g Butter

AUSSERDEM:

50 g Schokolade (mindestens 70 % Kakao)
800 ml Vanille-Skyr ohne Zuckerzusatz
200 g frische Himbeeren

ALS GARNITUR:

Zitronenmelisse

SO IST DIE ESSKISTE GEFÜLLT:

HANDVOLL NR. 1 UND HANDVOLL NR. 2*: *Banane*, Himbeeren**

HANDVOLL NR. 3: *Ei*

HANDVOLL NR. 4 UND HANDVOLL NR. 5*: *Mehl, Haferflocken*

FETT: *Butter, Schokolade*

MILCHPRODUKT: *Skyr*

GEWÜRZE: *Backpulver, Salz, gemahlene Vanille, Kardamom*

Das Rezept wurde auf der Basis des Esskistenmodells für Kinder und Jugendliche entwickelt, siehe dazu die Erklärung auf Seite 119.

Beachten Sie, dass die verwendete Menge Stärke und Obst zwei Handvoll Nr. 4 für eine durchschnittliche Frau entspricht.

* Bananen und Himbeeren werden bei Kindern und Jugendlichen zu Handvoll Nr. 1 und Handvoll Nr. 2* gerechnet, bei Erwachsenen jedoch zu Handvoll Nr. 4.

Die Bananen schälen, zerdrücken und mit den Eiern verrühren.

Das Weizenmehl, die Haferflocken, das Backpulver, das Salz, die gemahlene Vanille und den Kardamom mischen. Die trockenen Zutaten nach und nach unter die Eimasse rühren.

Jeweils etwas Butter in einem warmen Waffeleisen schmelzen und die Waffeln backen, bis sie knusprig und durchgebacken sind.

Die Schokolade grob hacken und zusammen mit dem Skyr und den Himbeeren zu den Waffeln servieren.

Zum Schluss mit Zitronenmelisse garnieren.

1 Portion enthält 509 kcal · Protein: 32 g · Kohlenhydrate: 43 g · Ballaststoffe: 7 g · Fett: 21 g

Schinkentoast und Joghurt mit Beeren

ZUBEREITUNGSZEIT: *20 Minuten*
MENGE FÜR: *4 Personen*

SCHINKENTOAST:

8 Scheiben Vollkorntoast
30 g Butter
4 Scheiben geräucherter Schinken
4 Scheiben Käse (höchstens 17 % Fett absolut)
2 Tomaten in Scheiben

JOGHURT MIT BEEREN:

600 g Joghurt
300 g gemischte Beeren
50 g Mandeln, gehackt

ALS GARNITUR:

Minze

Die Toastscheiben auf beiden Seiten dünn mit Butter bestreichen. Schinken, Käse und Tomatenscheiben jeweils zwischen zwei Toastscheiben legen. Die gefüllten Toasts in einem Sandwichmaker oder ohne Fett in einer Pfanne rösten, bis der Käse geschmolzen ist.

Den Joghurt in ein Glas gießen und mit Beeren und Mandeln bestreuen.

Zum Schluss mit Minze garnieren.

TIPP Bestreichen Sie die Toastscheiben vor dem Belegen mit etwas Tafelsenf.

TIPP Die Tomatenscheiben können Sie wahlweise auch als Beilage dazuessen.

SO IST DIE ESSKISTE GEFÜLLT:

HANDVOLL NR. 1 UND HANDVOLL NR. 2*: *Tomate, Beeren**

HANDVOLL NR. 3: *Schinken, Käse*

HANDVOLL NR. 4 UND HANDVOLL NR. 5*: *Brot*

FETT: *Butter, Mandeln*

MILCHPRODUKT: *Joghurt*

Das Rezept wurde auf der Basis des Esskistenmodells für Kinder und Jugendliche entwickelt, siehe dazu die Erklärung auf Seite 119.

Beachten Sie, dass die verwendete Menge Stärke und Obst zwei bis drei Handvoll Nr. 4 für eine durchschnittliche Frau entspricht.

* Beeren werden bei Kindern und Jugendlichen zu Handvoll Nr. 1 und Handvoll Nr. 2* gerechnet, bei Erwachsenen jedoch zu Handvoll Nr. 4.

1 Portion enthält 563 kcal · Protein: 28 g · Kohlenhydrate: 54 g · Ballaststoffe: 10 g · Fett: 23 g

TIPP
Bestreuen Sie den Toast vor dem Belegen mit etwas getrocknetem Oregano.

TIPP
Sie können statt Apfelmus auch geriebene rohe Äpfel auf den Brei geben.

Haferbrei mit Apfelmus

ZUBEREITUNGSZEIT: *15 Minuten*
MENGE FÜR: *4 Personen*
HINWEIS: *Das Apfelmus können Sie schon am Vortag zubereiten.*

APFELMUS:
4 Äpfel, zum Beispiel Elstar
50 ml Wasser
¼ TL gemahlene Vanille

HAFERBREI:
240 g Haferflocken
600 ml Magermilch
600 ml Wasser
1 Prise Salz

AUSSERDEM:
30 g Butter
50 g Mandeln, gehackt
1 TL Zimt, gemahlen

Die Äpfel schälen, in Spalten schneiden und das Kerngehäuse entfernen.

Aus Apfelspalten, Wasser und der gemahlenen Vanille ein Apfelmus kochen. Die Kochzeit ist von der verwendeten Apfelsorte abhängig.

Die Haferflocken mit der Milch, dem Wasser und dem Salz in einen Topf geben und das Ganze zum Kochen bringen. Den Brei unter Rühren bis zur gewünschten Konsistenz einkochen.

Den Haferbrei in tiefe Teller gießen. Jede Portion mit einem Klecks Butter, Apfelmus, gehackten Mandeln und etwas Zimt garnieren.

SO IST DIE ESSKISTE GEFÜLLT:

HANDVOLL NR. 1 UND HANDVOLL NR. 2*: *Apfel**

HANDVOLL NR. 4 UND HANDVOLL NR. 5*: *Haferflocken*

FETT: *Butter, Mandeln*

MILCHPRODUKT: *Magermilch*

GEWÜRZE: *gemahlene Vanille, Salz, Zimt*

Das Rezept wurde auf der Basis des Esskistenmodells für Kinder und Jugendliche entwickelt, siehe dazu die Erklärung auf Seite 119.

Beachten Sie, dass die verwendete Menge Stärke und Obst zwei Handvoll Nr. 4 für eine durchschnittliche Frau entspricht.

* Äpfel werden bei Kindern und Jugendlichen zu Handvoll Nr. 1 und Handvoll Nr. 2* gerechnet, bei Erwachsenen jedoch zu Handvoll Nr. 4.

TIPP Im Rezept für den Haferbrei werden jeweils zur Hälfte Wasser und Milch verwendet, man kann ihn aber auch nur mit Milch oder nur mit Wasser zubereiten.

1 Portion enthält 420 kcal · Protein: 15 g · Kohlenhydrate: 50 g · Ballaststoffe: 9 g · Fett: 16 g

Overnight-Flocken

ZUBEREITUNGSZEIT: *10 Minuten*
MENGE FÜR: *4 Personen*
HINWEIS: *Lassen Sie die eingeweichten Getreideflocken über Nacht im Kühlschrank stehen.*

OVERNIGHT-FLOCKEN:
300 ml Magermilch
300 ml Vanille-Skyr
240 g Fünfkornflocken

TOPPING:
2 Bananen
200 g Blaubeeren
50 g Haselnüsse, gehackt

Die Magermilch und den Vanille-Skyr auf vier Portionsgläser verteilen. Die Fünfkornflocken hineinrühren und die Gläser in den Kühlschrank stellen.

AM NÄCHSTEN MORGEN:
Falls die Flocken zu trocken sind, noch etwas Flüssigkeit hinzugeben.

Nun die Bananen in Scheiben schneiden und zusammen mit den Blaubeeren und den gehackten Nüssen auf die Portionsgläser verteilen. Dieses Gericht wird kalt serviert.

SO IST DIE ESSKISTE GEFÜLLT:

HANDVOLL NR. 1 UND HANDVOLL NR. 2*: *Banane*, Blaubeeren**

HANDVOLL NR. 4 UND HANDVOLL NR. 5*: *Fünfkornflocken*

FETT: *Haselnüsse*

MILCHPRODUKTE: *Magermilch, Skyr*

Das Rezept wurde auf der Basis des Esskistenmodells für Kinder und Jugendliche entwickelt, siehe dazu die Erklärung auf Seite 119.

Beachten Sie, dass die verwendete Menge Stärke und Obst zwei bis drei Handvoll Nr. 4 für eine durchschnittliche Frau entspricht.

* Bananen und Blaubeeren werden bei Kindern und Jugendlichen zu Handvoll Nr. 1 und Handvoll Nr. 2* gerechnet, bei Erwachsenen jedoch zu Handvoll Nr. 4.

1 Portion enthält 419 kcal · Protein: 20 g · Kohlenhydrate: 58 g · Ballaststoffe: 10 g · Fett: 10 g

TIPP
Die Fünfkornflocken können zum Beispiel durch Haferflocken oder Dinkelflocken ersetzt werden.

TIPP
Sie können das Rezept durch die Verwendung anderer Milchprodukte oder anderer Flocken, Nüsse und Obstsorten variieren.

TIPP
Tauschen Sie die Schokoladentäfelchen auf den Brötchen durch einen anderen Belag aus.

Joghurt mit Obst und Nüssen, dazu Schokobrötchen

ZUBEREITUNGSZEIT: *10 Minuten*
MENGE FÜR: *4 Personen*

JOGHURT MIT OBST UND NÜSSEN:
2 Bananen
2 Birnen
600 g Naturjoghurt
60 g Cashewkerne

BRÖTCHEN MIT BELEGSCHOKOLADE:
3 Brötchen
15 g Butter
ca. 25 g dunkle Belegschokolade, mind. 70 % Kakao (pro Brötchen ca. 8 g Schokolade)

Die Bananen und die Birnen in Würfel schneiden und in den Joghurt rühren. Die Cashewkerne hacken und drüberstreuen.

Die Brötchen aufschneiden, mit Butter bestreichen und mit den Schokotäfelchen belegen.

SO IST DIE ESSKISTE GEFÜLLT:

HANDVOLL NR. 1 UND HANDVOLL NR. 2*: *Banane*, Birne**

HANDVOLL NR. 4 UND HANDVOLL NR. 5*: *Brötchen*

FETT: *Cashewkerne, Butter, Belegschokolade*

MILCHPRODUKT: *Joghurt*

Das Rezept wurde auf der Basis des Esskistenmodells für Kinder und Jugendliche entwickelt, siehe dazu die Erklärung auf Seite 119.

Beachten Sie, dass die verwendete Menge Stärke und Obst zwei Handvoll Nr. 4 für eine durchschnittliche Frau entspricht.

* Bananen und Birnen werden bei Kindern und Jugendlichen zu Handvoll Nr. 1 und Handvoll Nr. 2* gerechnet, bei Erwachsenen jedoch zu Handvoll Nr. 4.

1 Portion enthält 438 kcal · Protein: 18 g · Kohlenhydrate: 48 g · Ballaststoffe: 6 g · Fett: 18 g

Schokosmoothie und Brötchen mit Kassler

ZUBEREITUNGSZEIT: *10 Minuten*
MENGE FÜR: *4 Personen*
HINWEIS: *Die Mandeln werden über Nacht in kaltem Wasser eingeweicht.*

SCHOKOSMOOTHIE:
2 EL Mandeln
2 reife Bananen
2 kleine Avocados
4 EL ungesüßter Kakao
2 EL Chiasamen
2 EL Rohrzucker
1 TL gemahlene Vanille
400 ml Magermilch
100–200 ml Wasser
Eiswürfel

AUSSERDEM:
3 Vollkornbrötchen
20 g Butter
6 Scheiben Kassler
½ Salatgurke

Die Mandeln in kaltem Wasser einweichen und über Nacht in den Kühlschrank stellen.

Aus allen Zutaten – außer den Eiswürfeln – einen homogenen Smoothie mixen. Eventuell mehr Wasser und Eiswürfel hinzugeben, bis die gewünschte Konsistenz erreicht ist.

Die Brötchen aufschneiden und mit Butter bestreichen. Die Brötchenhälften mit Kassler und Gurkenscheiben belegen.

SO IST DIE ESSKISTE GEFÜLLT:

HANDVOLL NR. 1 UND HANDVOLL NR. 2*: *Gurke, Banane**

HANDVOLL NR. 3: *Kassler*

HANDVOLL NR. 4 UND HANDVOLL NR. 5*: *Brötchen*

FETT: *Mandeln, Avocado, Kakao, Chiasamen, Butter*

MILCHPRODUKT: *Milch*

GEWÜRZE: *Rohrzucker, gemahlene Vanille*

Das Rezept wurde auf der Basis des Esskistenmodells für Kinder und Jugendliche entwickelt, siehe dazu die Erklärung auf Seite 119.

Beachten Sie, dass die verwendete Menge Stärke und Obst zwei Handvoll Nr. 4 für eine durchschnittliche Frau entspricht.

* Bananen werden bei Kindern und Jugendlichen zu Handvoll Nr. 1 und Handvoll Nr. 2* gerechnet, bei Erwachsenen jedoch zu Handvoll Nr. 4.

1 Portion enthält 443 kcal · Protein: 15 g · Kohlenhydrate: 45 g · Ballaststoffe: 11 g · Fett: 21 g

TIPP
Wenn Sie Bananen im Gefrierfach haben, können Sie diese sehr gut für den Smoothie verwenden.
INFO
Die drei Vollkornbrötchen werden nach Bedarf verteilt. Für Kinder und Mama reicht vielleicht jeweils ein halbes Brötchen, während Jugendliche und Papa ein ganzes Brötchen brauchen.

TIPP
Sie können auch hart gekochte Eier vom Vortag nehmen.

Weich gekochtes Ei und Roggenbrot mit Käse

ZUBEREITUNGSZEIT: *15 Minuten*
MENGE FÜR: *4 Personen*

6 Eier
6 Scheiben Roggenbrot
25 g Butter
6 Scheiben Käse (höchstens 17 % Fett absolut)
200 g Cocktailtomaten
200 g Zuckererbsen

Die Eier ca. 5 Minuten bis zum gewünschten Garpunkt kochen.

Das Roggenbrot mit Butter bestreichen und mit dem Käse belegen.

Die Cocktailtomaten und die Zuckererbsen waschen und als Beilage servieren.

SO IST DIE ESSKISTE GEFÜLLT:

HANDVOLL NR. 1 UND HANDVOLL NR. 2*: *Tomate, Erbsen*

HANDVOLL NR. 3: *Ei, Käse*

HANDVOLL NR. 4: *Roggenbrot*

FETT: *Butter*

Das Rezept wurde auf der Basis des Esskistenmodells für Erwachsene entwickelt. Die Aufteilung für Erwachsene, Kinder und Jugendliche ist hier identisch.

1 Portion enthält 415 kcal · Protein: 25 g · Kohlenhydrate: 32 g · Ballaststoffe: 8 g · Fett: 20 g

41 leichte Zwischen-mahlzeiten

3.
1 Schinkenschnecke, siehe Rezept auf Seite 266
4.
1 Stück Gurke
1 Scheibe Kürbiskernknäckebrot mit Emmentaler
7.
25 g Roggenkissen mit Schokolade, siehe Rezept auf Seite 276
8.
5 g Pistazien
150 ml Fruchtjoghurt ohne Zucker
10.
1 Muffin, siehe Rezept auf Seite 274
11.
45 g Roggenbrotchips, siehe Rezept auf Seite 270

12.
4 Radieschen
10 Mandeln
15 g Rosinen

13.
½ Kiwi
½ Scheibe Roggenbrot
5 g Butter
1 Scheibe dunkle Belegschokolade

15.
Obstspieße:
½ Kiwi
½ Orange
¼ Apfel
4 Weintrauben
1 getrocknete Dattel

16.
100 g Erdbeeren
20 g Roggenknäckebrot

14.
150 g Joghurt
4 Haselnüsse
17.
2 Roggencracker
1 Scheibe Käse
18.
2 Stangen grüner Spargel
20 g geröstete Kokoschips
19.
50 g gelbe Paprikastreifen
30 g frisches Kokosnussmark
20.
1 Müslischnitte, siehe Rezept auf Seite 254
21.
1 Müsliriegel, siehe Rezept auf Seite 256

22.
1 Birne
2 Mais-waffeln
23.
1 Schulbrot, siehe Rezept auf Seite 258
26.
4 salzige Cracker
4 Cocktailtomaten
1 Clementine
27.
15 g Erdnüsse
50 g Blau-beeren

24.
1 gekochtes Ei
80 g Ananas
25.
4 Trocken-
pflaumen
40 g Blumenkohl
1 Maracuja
28.
4 Himbeeren
5 Kirschen
100 g Skyr
29.
1 Saaten-
brötchen, siehe
Rezept auf
Seite 260
31.
1 kleine
Karotte
20 g Cashew-
kerne
30.
1 Zimtscone,
siehe Rezept
auf Seite
264

33.
2 Walnüsse
150 g Wasser-
melone
32.
4 Zucker-
erbsenschoten
1 Clementine
20 g Popcorn
36.
1 Pflaume
20 g Knäcke-
brot
40.
½ Banane
1 TL Erdnussbutter
½ Saatenbrötchen,
siehe Rezept auf
Seite 260
39.
1 Würstchen
im Teigmantel,
siehe Rezept
auf Seite
272

34.
1 Pizzabrötchen, siehe Rezept auf Seite 262
35.
1 Pirogge, siehe Rezept auf Seite 278
37.
80 g Weintrauben
15 g Saatenknäckebrot
38.
4 Oliven
20 g grüne Erbsen
30 Pistazien
41.
50 g Winterrettich
25 g geröstete Kichererbsen

Pausenbrote und Lunchpakete

Für Kinder
Für Jugend-liche

Roggenstullen für die ganze Familie

Roggenstullen für die ganze Familie

ZUBEREITUNGSZEIT: *30 Minuten*

MENGE FÜR: *4 Personen*

HINWEIS: *Dies ist ein Beispiel, wie man für die ganze Familie dieselben Zutaten verwendet und dabei trotzdem jeder das bekommt, was er braucht. In diesem Rezept sollten Sie die Mengen wie in allen anderen Rezepten auch an den Bedarf Ihrer Familie anpassen. Die Kinder können Zwischenmahlzeiten nach Geschmack und Hunger auswählen.*

ROGGENSTULLEN ALS MITTAGESSEN:

5 Scheiben Roggenbrot
30 g Butter
½ Kopfsalat oder ein Salatherz
1 große Tomate
100 g Mozzarella (höchstens 17 % Fett absolut)
35 g Pesto
360 g fertig zubereitetes Hähnchen
25 g Mayonnaise
100 g Gurkensalat
5 Scheiben Kassler
150 g Salatgurke
15 g Belegschokolade
1 rote Paprikaschote

ZWISCHENMAHLZEITEN:

3 Karotten
2 Äpfel
24 Mandeln
300 g Joghurt oder Skyr
1 Minikäse oder 1 Käsehäppchen

1. Die Brotscheiben mit Butter bestreichen und halbieren. Zwei Hälften erneut teilen, sodass Viertel entstehen. Sieben Brothälften und eines der Viertel mit Salatblättern belegen.
2. Zwei dieser Brothälften mit Tomate, Mozzarella und Pesto belegen.
3. Auf drei der Brothälften kommen Hähnchen, Mayonnaise und Gurkensalat – ein kleines Stück Hähnchen zur Seite legen.
4. Auf zwei der Brothälften Kassler, Mayonnaise und Gurke geben.
5. Auf ein Brotviertel kommen Kassler und Gurke auf den Saat.
6. Die übrige Brothälfte und ein Brotviertel mit Schokolade belegen.
7. Die letzten beiden Brotviertel zusammenklappen und mit einem Stück Hähnchen anrichten.
8. Die Paprikaschote längs in Streifen schneiden und in die Lunchpakete der Erwachsenen legen.

TIPP Sie können anstelle des Kasslers auch einen Bratenrest verwenden.

INFO
Kalorienberechnung der Zwischenmahlzeiten für ein Kind oder einen Jugendlichen: pro Portion 220–250 kcal

1 durchschnittliches Lunchpaket enthält pro Portion
549 kcal · Protein: 32 g · Kohlenhydrate: 33 g · Ballaststoffe: 7 g · Fett: 31 g

So sehen die einzelnen Lunchpakete aus:

FÜR FRAUEN

Eine halbe Scheibe Brot mit Mozzarella, Tomaten und Pesto, eine halbe Scheibe Brot mit Hähnchen, Mayonnaise und Gurkensalat sowie ein paar Streifen rote Paprika

FÜR MÄNNER

Eine halbe Scheibe Brot mit Mozzarella, Tomaten und Pesto, eine halbe Scheibe Brot mit Hähnchen, Mayonnaise und Gurkensalat, eine halbe Scheibe Brot mit Kassler und Gurke sowie ein paar Streifen rote Paprika

SO IST DIE ESSKISTE GEFÜLLT:

HANDVOLL NR. 1 UND HANDVOLL NR. 2*: *Salat, Tomate, Gurkensalat, Gurke, Paprika*

HANDVOLL NR. 3: : *Mozzarella, Hähnchen, Kassler*

HANDVOLL NR. 4: *Roggenbrot*

FETT: *Butter, Pesto, Mayonnaise*

FÜR KINDER

Eine halbe Scheibe Brot mit Kassler und Gurke, eine Viertelscheibe Brot mit dunkler Belegschokolade, eine zusammengeklappte halbe Scheibe Brot und Hähnchen

Gleichzeitig sind als Zwischenmahlzeiten für Vormittag und Nachmittag enthalten: ein kleiner Apfel, neun Mandeln, zwei kleine Karotten, 150 g Joghurt und ein Häppchen fetter Käse.

SO IST DIE ESSKISTE GEFÜLLT:

HANDVOLL NR. 1 UND HANDVOLL NR. 2*: *Gurke, Salat, Karotte, Apfel*

HANDVOLL NR. 3: *Kassler, Hähnchen*

HANDVOLL NR. 4 UND HANDVOLL NR. 5*: *Roggenbrot*

FETT: *Butter, Belegschokolade, Mandeln, Käse*

MILCHPRODUKT: *Joghurt*

FÜR JUGENDLICHE

Eine halbe Scheibe Brot mit dunkler Belegschokolade, eine halbe Scheibe Brot mit Kassler, Gurke und Mayonnaise, eine halbe Scheibe Brot mit Hähnchen, Salat, Mayonnaise und Gurkensalat. Tomatensalat mit Mozzarella und Pesto

Für Vormittag und Nachmittag: eine Karotte, ein Apfel, 15 Mandeln und 150 g Joghurt

SO IST DIE ESSKISTE GEFÜLLT:

HANDVOLL NR. 1 UND HANDVOLL NR. 2*: *Salat, Tomate, Gurkensalat, Gurke, Karotte, Apfel*

HANDVOLL NR. 3: *Mozzarella, Kassler, Hähnchen*

HANDVOLL NR. 4 UND HANDVOLL NR. 5*: *Roggenbrot*

FETT: *Butter, Belegschokolade, Pesto, Mayonnaise, Mandeln*

MILCHPRODUKT: *Joghurt*

Schweinebratensandwich

ZUBEREITUNGSZEIT: *15 Minuten*
MENGE FÜR: *4 Personen*
HINWEIS: *Wenn ein Kind Rotkohl oder eine der anderen Zutaten nicht mag, ersetzen Sie diese einfach durch etwas anderes. Falls die Menge nicht passt, reduzieren Sie diese nach Bedarf – vielleicht reicht ja schon ein halbes Sandwich.*

4 Vollkorn-Burgerbrötchen
40 g Mayonnaise
2 EL Senf
4 Salatblätter
500 g Schweinebraten
200 g Rotkohl
100 g Cornichons in Scheiben

Die Burgerbrötchen aufschneiden und toasten. Die Brötchenhälften mit Mayonnaise und Senf bestreichen und mit Salatblättern belegen. Den Schweinebraten in vier Scheiben schneiden und diese jeweils zusammen mit Rotkohl und Cornichons zwischen zwei Brötchenhälften platzieren.

Kinder und Jugendliche können nach Bedarf zusätzlich eine bis drei der Zwischenmahlzeiten auf den Seiten 142–149 auswählen.

SO IST DIE ESSKISTE GEFÜLLT:

HANDVOLL NR. 1 UND HANDVOLL NR. 2*: *Salat, Rotkohl, Cornichon*

HANDVOLL NR. 3: *Schweinebraten*

HANDVOLL NR. 4 UND HANDVOLL NR. 5*: *Vollkorn-Burgerbrötchen**

FETT: *Mayonnaise*

GEWÜRZE: *Senf*

Das Rezept wurde auf der Basis des Esskistenmodells für Kinder und Jugendliche entwickelt, siehe dazu die Erklärung auf Seite 119.

* Beachten Sie, dass die verwendete Menge Stärke und Obst zwei Handvoll Nr. 4 für eine durchschnittliche Frau entspricht.

* Ein Mann hat größere Hände und kann daher ein ganzes Burgerbrötchen als eine Handvoll Nr. 4 rechnen.

1 Portion enthält 665 kcal · Protein: 34 g · Kohlenhydrate: 51 g · Ballaststoffe: 6 g · Fett: 35 g

TIPP

Für das Sandwich können alle Arten von Braten oder Belag verwendet werden.

MY BO

Wraps mit Hummus und Hähnchen

ZUBEREITUNGSZEIT: *30 Minuten*
MENGE FÜR: *4 Personen*

JOGHURTDRESSING:
200 g Joghurt
2 EL Minze, gehackt

AUSSERDEM:
4 Tortillas, am besten aus Vollkorn
1 Salatgurke
2 Karotten
350 g Hähnchenfleisch in Würfeln (fertig zubereitet)

HUMMUS:
4 Portionen Hummus mit Süßkartoffel, siehe Rezept auf Seite 290.

ALS GARNITUR:
Erbsensprossen

SO IST DIE ESSKISTE GEFÜLLT:

HANDVOLL NR. 1 UND HANDVOLL NR. 2*: *Süßkartoffel (im Hummus), Salatgurke, Karotte*

HANDVOLL NR. 3: *Kichererbsen (im Hummus), Hähnchen*

HANDVOLL NR. 4: *Tortilla*

FETT: *Öl (im Hummus)*

MILCHPRODUKT: *Joghurt*

GEWÜRZE: *Minze, Erbsenkeime*

Das Rezept wurde auf der Basis des Esskistenmodells für Erwachsene entwickelt. Die Aufteilung für Erwachsene, Kinder und Jugendliche ist hier identisch.

Den Joghurt mit der gehackten Minze verrühren.

Die Salatgurke und die Karotten in schmale Streifen schneiden.

Die Tortillas mit dem Hummus, den Gurken- und Karottenstiften, dem Joghurtdressing und dem Hähnchen anrichten. Nach Belieben mit Erbsensprossen garnieren.

TIPP Verwenden Sie für den Hummus frische oder gekochte Gemüsereste.

TIPP Die Tortillas können Sie durch Pitabrot ersetzen.

Kinder und Jugendliche können nach Bedarf zusätzlich eine bis drei der Zwischenmahlzeiten von den Seiten 142–149 auswählen.

1 Portion enthält 516 kcal · Protein: 26 g · Kohlenhydrate: 51 g · Ballaststoffe: 9 g · Fett: 20 g

Schinkenmuffins und Hüttenkäsesalat

ZUBEREITUNGSZEIT: *10 Minuten*

MENGE FÜR: *4 Personen*

HINWEIS: *Diese Zubereitungszeit gilt nur, wenn die Schinkenmuffins bereits zuvor gebacken wurden.*

HÜTTENKÄSESALAT:

100 g Zucchini
100 g rote Paprika
600 g Hüttenkäse
2 EL Schnittlauchröllchen

AUSSERDEM:

8 Schinkenmuffins, siehe Rezept auf Seite 280
1 Avocado
6 Scheiben Vollkornknäckebrot

Die Zucchini und die Paprika würfeln und mit dem Hüttenkäse und den Schnittlauchröllchen verrühren.

Die Schinkenmuffins mit Hüttenkäsesalat, Avocado und Knäckebrot anrichten.

SO IST DIE ESSKISTE GEFÜLLT:

HANDVOLL NR. 1 UND HANDVOLL NR. 2*: *Zucchini, Paprika*

HANDVOLL NR. 3: *Hüttenkäse, Schinkenmuffin*

HANDVOLL NR. 4: *Knäckebrot, Schinkenmuffin*

FETT: *Avocado*

GEWÜRZE: *Schnittlauch*

Das Rezept wurde auf der Basis des Esskistenmodells für Erwachsene entwickelt. Die Aufteilung für Erwachsene, Kinder und Jugendliche ist hier identisch.

Kinder und Jugendliche können nach Bedarf zusätzlich eine bis drei der Zwischenmahlzeiten auf den Seiten 142–149 auswählen.

1 Portion enthält 574 kcal · Protein: 39 g · Kohlenhydrate: 48 g · Ballaststoffe: 13 g · Fett: 22 g

TIPP

Wenn Sie die Mahlzeit unterwegs essen wollen, geben Sie die Avocado in den Hüttenkäsesalat.

Brokkoli-Tarte

ZUBEREITUNGSZEIT: *60 Minuten*
MENGE FÜR: *4 Personen*

FÜLLUNG:

50 g Bacon
300 g Lauch
500 g Brokkoli
100 g Cheddarkäse (mindestens 18 % Fett absolut), gerieben
100 g Hähnchenfleisch in Würfeln

EIMASSE:

120 g Vollkornweizenmehl
1 TL Backpulver
3 EL Öl
6 Eier
3 Eiweiß
Salz und Pfeffer

AUSSERDEM:

Ein leichter Salat oder ein paar Cocktailtomaten

Den Bacon in kleine Würfel und den Lauch in sehr schmale Ringe schneiden. Den Bacon und den Lauch zusammen in einer heißen Pfanne anschwitzen, bis der Lauch glasig wird.

Den Brokkoli in kleine Röschen zerteilen.

Nun den Bacon und den Lauch mit Brokkoli, Käse, Mehl, Backpulver, Öl, Eiern, Eiweiß, Hähnchen, Salz und Pfeffer mischen.

Diese Mischung in eine gefettete Tarte- oder Quicheform mit ca. 21 cm Durchmesser gießen.

Die Tarte 40–45 Minuten bei 180 °C backen.

SO IST DIE ESSKISTE GEFÜLLT:

HANDVOLL NR. 1 UND HANDVOLL NR. 2*: *Lauch, Brokkoli*

HANDVOLL NR. 3: *Bacon, Ei, Eiweiß, Hähnchen*

HANDVOLL NR. 4: *Mehl*

FETT: *Käse, Öl*

GEWÜRZE: *Backpulver, Salz, Pfeffer*

Das Rezept wurde auf der Basis des Esskistenmodells für Erwachsene entwickelt. Die Aufteilung für Erwachsene, Kinder und Jugendliche ist hier identisch.

Kinder und Jugendliche können nach Bedarf zusätzlich eine bis drei der Zwischenmahlzeiten auf den Seiten 142–149 auswählen.

1 Portion enthält 577 kcal · Protein: 36 g · Kohlenhydrate: 32 g · Ballaststoffe: 7 g · Fett: 32 g

Hähnchen mit Nudeln und Gemüse

ZUBEREITUNGSZEIT: *10 Minuten*
MENGE FÜR: *4 Personen*

DRESSING:
150 g Crème fraîche (höchstens 9 % Fett)
30 g Mayonnaise
1 EL Petersilie, gehackt
1 EL Schnittlauchröllchen
1 EL Dill, gehackt
Salz und Pfeffer

AUSSERDEM:
600 g gebratenes Hähnchen
400 g gekochte Vollkornnudeln
200 g grüne Erbsen
200 g Cocktailtomaten

ALS GARNITUR:
Dill und essbare Blüten

Die Crème fraîche, die Mayonnaise, die Petersilie, den Schnittlauch und den Dill zu einem Dressing zusammenrühren und mit Salz und Pfeffer abschmecken.

Das Hähnchen mit den Nudeln, den Erbsen, den Tomaten und dem Dressing anrichten. Nach Belieben Kräuter und essbare Blüten zum Garnieren verwenden.

SO IST DIE ESSKISTE GEFÜLLT:

HANDVOLL NR. 1 UND HANDVOLL NR. 2*: *Erbsen, Tomate*

HANDVOLL NR. 3: *Hähnchen*

HANDVOLL NR. 4: *Nudeln*

FETT: *Mayonnaise*

MILCHPRODUKT: *Crème fraîche*

GEWÜRZE: *Petersilie, Schnittlauch, Dill, Salz, Pfeffer*

Das Rezept wurde auf der Basis des Esskistenmodells für Erwachsene entwickelt. Die Aufteilung für Erwachsene, Kinder und Jugendliche ist hier identisch.

Kinder und Jugendliche können nach Bedarf zusätzlich eine bis drei der Zwischenmahlzeiten auf den Seiten 142–149 auswählen.

1 Portion enthält 574 kcal · Protein: 48 g · Kohlenhydrate: 33 g · Ballaststoffe: 8 g · Fett: 27 g

TIPP
Verwenden Sie die Kräuter, die Sie am liebsten mögen.

TIPP
Ersetzen Sie die Brötchen durch eine andere Brotsorte.

Fischfrikadellen mit Fetaspieß

ZUBEREITUNGSZEIT: *15 Minuten*
MENGE FÜR: *4 Personen*

SPIESS:
300 g Salatgurke
200 g Ananas
100 g Fetakäse
200 g Cocktailtomaten
150 g Weintrauben
Holzspieße

AUSSERDEM:
600 g Fischfrikadellen
6 Saatenbrötchen, siehe Rezept auf Seite 260
2 EL Pesto

ALS GARNITUR:
Basilikumblätter

Die Salatgurke, die Ananas und den Feta in kleinere Stücke schneiden und zusammen mit den Tomaten und den Weintrauben auf Spieße stecken.

Die Fischfrikadellen mit den Spießen, den Brötchen und dem Pesto anrichten und mit Basilikumblättern garnieren.

SO IST DIE ESSKISTE GEFÜLLT:

HANDVOLL NR. 1 UND HANDVOLL NR. 2*: *Gurke, Tomate, Ananas*, Weintrauben**

HANDVOLL NR. 3: *Fischfrikadelle*

HANDVOLL NR. 4 UND HANDVOLL NR. 5*: *Brötchen*

FETT: *Feta, Pesto*

Das Rezept wurde auf der Basis des Esskistenmodells für Kinder und Jugendliche entwickelt, siehe dazu die Erklärung auf Seite 119.

Beachten Sie, dass die verwendete Menge Stärke und Obst zwei Handvoll Nr. 4 für eine durchschnittliche Frau entspricht.

* Ananas und Weintrauben werden bei Kindern und Jugendlichen zu Handvoll Nr. 1 und Handvoll Nr. 2* gerechnet, bei Erwachsenen jedoch zu Handvoll Nr. 4.

Kinder und Jugendliche können nach Bedarf zusätzlich eine bis drei der Zwischenmahlzeiten auf den Seiten 142–149 auswählen.

1 Portion enthält 581 kcal · Protein: 38 g · Kohlenhydrate: 40 g · Ballaststoffe: 6 g · Fett: 29 g

Pulled-Turkey-Sandwich mit Krautsalat

ZUBEREITUNGSZEIT: *20 Minuten*
MENGE FÜR: *4 Personen*

SANDWICH:
400 g Pulled Turkey
4 Scheiben Bacon
6 kleine Vollkornbrötchen
100 g Gewürzgurken

KRAUTSALAT:
300 g Spitzkohl
300 g Karotten
3–4 Äpfel
8 EL Crème fraîche (höchstens 9 % Fett)
4 EL Mayonnaise
1 TL Senf
1 TL Zucker
Salz und Pfeffer

ALS GARNITUR:
Erbsensprossen

Den Pulled Turkey nach Packungsanweisung zubereiten. Den Bacon in einer heißen Pfanne braten. Die Vollkornbrötchen aufschneiden und die Gewürzgurken längs teilen.

Den Spitzkohl in sehr feine Streifen schneiden, eventuell mit einer Mandoline oder einem Küchenhobel – achten Sie dabei auf Ihre Finger! Die Karotten und die Äpfel grob reiben. Aus Crème fraîche, Mayonnaise, Senf und Zucker ein Dressing anrühren und mit Salz und Pfeffer abschmecken. Kohl, Karotten und Äpfel mit dem Dressing mischen.

Richten Sie die Brötchen mit Krautsalat, Pulled Turkey, Gurken und Bacon an.

SO IST DIE ESSKISTE GEFÜLLT:

HANDVOLL NR. 1 UND HANDVOLL NR. 2*: *Gurke, Spitzkohl, Karotte, Apfel**

HANDVOLL NR. 3: *Putenfleisch, Bacon*

HANDVOLL NR. 4 UND HANDVOLL NR. 5*: *Vollkornbrötchen*

FETT: *Mayonnaise*

MILCHPRODUKT: *Crème fraîche*

GEWÜRZE: *Senf, Zucker, Salz, Pfeffer*

Das Rezept wurde auf der Basis des Esskistenmodells für Kinder und Jugendliche entwickelt, siehe dazu die Erklärung auf Seite 119.

Beachten Sie, dass die verwendete Menge Stärke und Obst zwei Handvoll Nr. 4 für eine durchschnittliche Frau entspricht.

* Äpfel werden bei Kindern und Jugendlichen zu Handvoll Nr. 1 und Handvoll Nr. 2* gerechnet, bei Erwachsenen jedoch zu Handvoll Nr. 4.

Kinder und Jugendliche können nach Bedarf zusätzlich eine bis drei der Zwischenmahlzeiten auf den Seiten 142–149 auswählen.

1 Portion enthält 548 kcal · Protein: 29 g · Kohlenhydrate: 54 g · Ballaststoffe: 9 g · Fett: 21 g

TIPP

Verwenden Sie für das Sandwich andere Fleisch- oder Gemüsereste.

TIPP

Geben Sie die vorbereiteten Zutaten in Dosen, und füllen Sie die Pitabrote erst direkt vor dem Essen damit.

Pitabrot mit Kebab

ZUBEREITUNGSZEIT: *20 Minuten*
MENGE FÜR: *4 Personen*

6 kleine Vollkornpitabrote
100 g gemischter Babysalat
9 EL Crème-fraîche-Dressing
300 g gebratenes Kebabfleisch
120 g Salatgurke in Scheiben
100 g Mais
1 rote Zwiebel in Scheiben
200 g Zuckererbsen

Die Pitabrote toasten und halbieren. Die Pitahälften mit Salat, Dressing, Fleisch, Gurkenscheiben, Mais und roten Zwiebeln füllen.

Die Zuckererbsen als Snack dazuessen.

SO IST DIE ESSKISTE GEFÜLLT:

HANDVOLL NR. 1 UND HANDVOLL NR. 2*: *Salat, Gurke, Zwiebel, Erbsen*

HANDVOLL NR. 3: *Kebabfleisch*

HANDVOLL NR. 4: *Pitabrot, Mais*

FETT: *Dressing*

Das Rezept wurde auf der Basis des Esskistenmodells für Erwachsene entwickelt. Die Aufteilung für Erwachsene, Kinder und Jugendliche ist hier identisch.

Kinder und Jugendliche können nach Bedarf zusätzlich eine bis drei der Zwischenmahlzeiten auf den Seiten 142–149 auswählen.

1 Portion enthält 571 kcal · Protein: 23 g · Kohlenhydrate: 62 g · Ballaststoffe: 8 g · Fett: 24 g

Bananenwaffeln mit Skyr

ZUBEREITUNGSZEIT: *10 Minuten*
MENGE FÜR: *4 Personen*

Bananenwaffeln für 4 Personen, siehe Rezept auf Seite 128
600 ml Vanille-Skyr, am besten ohne Zucker, ersatzweise Magerquark
8 EL Müsli
40 g Mandeln
40 g dunkle Schokolade
2 Vespergurken
4 kleine Karotten

Die Bananenwaffeln vierteln und in die Lunchboxen legen.

Den Skyr in Extrabehälter füllen.

Das Müsli, die gehackten Mandeln und die Schokolade mischen – eventuell erst kurz vor dem Essen mit dem Skyr verrühren.

Die Gurken und die Karotten zusammen in die Lunchbox legen.

Kinder und Jugendliche können nach Bedarf zusätzlich eine bis drei der Zwischenmahlzeiten auf den Seiten 142–149 auswählen.

SO IST DIE ESSKISTE GEFÜLLT:

HANDVOLL NR. 1 UND HANDVOLL NR. 2*: *Karotte, Gurke, Banane* * *(in den Bananenwaffeln)*

HANDVOLL NR. 3: *Ei (in den Bananenwaffeln)*

HANDVOLL NR. 4 UND HANDVOLL NR. 5*: *Müsli, Mehl und Haferflocken (in den Bananenwaffeln)*

FETT: *Mandeln, Schokolade, Butter (in den Bananenwaffeln)*

MILCHPRODUKT: *Skyr*

GEWÜRZE: *Backpulver, Salz, gemahlene Vanille, Kardamom*

Das Rezept wurde auf der Basis des Esskistenmodells für Kinder und Jugendliche entwickelt, siehe dazu die Erklärung auf Seite 119.

Beachten Sie, dass die verwendete Menge Stärke und Obst zwei Handvoll Nr. 4 für eine durchschnittliche Frau entspricht.

* Bananen werden bei Kindern und Jugendlichen zu Handvoll Nr. 1 und Handvoll Nr. 2* gerechnet, bei Erwachsenen jedoch zu Handvoll Nr. 4.

1 Portion enthält 554 kcal · Protein: 31 g · Kohlenhydrate: 51 g · Ballaststoffe: 9 g · Fett: 23 g

TIPP

Die Bananenwaffeln können vorher zubereitet und im Kühl- oder Gefrierschrank aufbewahrt werden.

TIPP
Bauernpfanne kann kalt gegessen oder in der Mikrowelle erwärmt werden.

Bauernpfanne und Skyr

ZUBEREITUNGSZEIT: *10 Minuten*
MENGE FÜR: *4 Personen*

Bauernpfanne für 4 Personen, siehe Rezept auf Seite 224

400 ml Vanille-Skyr, am besten ohne Zucker; ersatzweise Magerquark

8 EL Müsli

AUSSERDEM:

4 TL Ketchup

Bauernpfanne, Skyr, Müsli und nach Belieben Ketchup in eine Lunchbox und weitere geeignete Behälter füllen.

SO IST DIE ESSKISTE GEFÜLLT:

HANDVOLL NR. 1 UND HANDVOLL NR. 2*: *Zwiebel, Karotte, Pastinake, Sellerie*

HANDVOLL NR. 3: *Schweinebraten*

HANDVOLL NR. 4: *Müsli, Kartoffeln*

FETT: *Öl*

MILCHPRODUKT: *Skyr*

GEWÜRZE: *Ketchup, Salz, Pfeffer*

Das Rezept wurde auf der Basis des Esskistenmodells für Erwachsene entwickelt. Die Aufteilung für Erwachsene, Kinder und Jugendliche ist hier identisch.

Kinder und Jugendliche können nach Bedarf zusätzlich eine bis drei der Zwischenmahlzeiten auf den Seiten 142–149 auswählen.

1 Portion enthält 578 kcal · Protein: 37 g · Kohlenhydrate: 43 g · Ballaststoffe: 7 g · Fett: 27 g

Fischstäbchen und Müsliriegel

ZUBEREITUNGSZEIT: *10 Minuten*
MENGE FÜR: *4 Personen*

Fischstäbchen für 4 Personen, siehe Rezept auf Seite 228

4 Müsliriegel, siehe Rezept auf Seite 256

AUSSERDEM:

3 Paprikaschoten

4 Karotten

350 g Weintrauben

75 g Remoulade

nach Belieben 4 EL Crème fraîche (höchstens 9 % Fett)

Das Gemüse waschen und schneiden. Die Weintrauben waschen und alles in geeignete Behälter geben.

Eventuell für jeden ein kleines Gefäß mit ein wenig Crème fraîche füllen.

Kinder und Jugendliche können nach Bedarf zusätzlich eine bis drei der Zwischenmahlzeiten auf den Seiten 142–149 auswählen.

SO IST DIE ESSKISTE GEFÜLLT:

HANDVOLL NR. 1 UND HANDVOLL NR. 2*: *Paprika, Karotte, Weintrauben**

HANDVOLL NR. 3: *Fischstäbchen*

HANDVOLL NR. 4 UND HANDVOLL NR. 5*: *Paniermehl (an den Fischstäbchen), Müsliriegel***

FETT: *Remoulade*

MILCHPRODUKT: *eventuell Crème fraîche*

GEWÜRZE: *Salz, Honig*

Das Rezept wurde auf der Basis des Esskistenmodells für Kinder und Jugendliche entwickelt, siehe dazu die Erklärung auf Seite 119.

Beachten Sie, dass die verwendete Menge Stärke und Obst zwei Handvoll Nr. 4 für eine durchschnittliche Frau entspricht.

* Weintrauben werden bei Kindern und Jugendlichen zu Handvoll Nr. 1 und Handvoll Nr. 2* gerechnet, bei Erwachsenen jedoch zu Handvoll Nr. 4.

** Der Müsliriegel kann durch eine Scheibe Roggenbrot oder ein paar Scheiben Knäckebrot ersetzt werden.

1 Portion enthält 531 kcal · Protein: 37 g · Kohlenhydrate: 49 g · Ballaststoffe: 7 g · Fett: 19 g

TIPP
Hier können auch Reste von Fischfilet verwendet werden.

TIPP

Nehmen Sie anstelle der Bratwurst andere kleine Würstchen oder Frikadellen.

Bratwurstspieße

ZUBEREITUNGSZEIT: *15 Minuten*
MENGE FÜR: *4 Personen*

SPIESS:
400 g Bratwurst, siehe Rezept auf Seite 236
90 g Cocktailtomaten
100 g Zuckererbsen
Holzspieße

AUSSERDEM:
4 Scheiben Roggenbrot
20 g Butter
4 Karotten
4 Müsliriegel, siehe Rezept auf Seite 256

Die Bratwurst in Scheiben schneiden.

Die Scheiben abwechselnd mit Tomaten und Zuckererbsen auf Spieße stecken.

Das Roggenbrot mit Butter bestreichen und zusammenklappen. Die Karotten in fingerdicke Streifen schneiden.

Die Müsliriegel in Papier einwickeln.

Alles in geeignete Behälter geben.

SO IST DIE ESSKISTE GEFÜLLT:

HANDVOLL NR. 1 UND HANDVOLL NR. 2*: *Zuckererbsen, Karotte, Tomate*

HANDVOLL NR. 3: *Bratwurst*

HANDVOLL NR. 4 UND HANDVOLL NR. 5*: *Roggenbrot, Müsliriegel**

FETT: *Butter*

Das Rezept wurde auf der Basis des Esskistenmodells für Kinder und Jugendliche entwickelt, siehe dazu die Erklärung auf Seite 119.

Beachten Sie, dass die verwendete Menge Stärke und Obst zwei Handvoll Nr. 4 für eine durchschnittliche Frau entspricht.

* Der Müsliriegel kann durch eine Scheibe Roggenbrot oder ein paar Stücke Knäckebrot ersetzt werden.

Kinder und Jugendliche können nach Bedarf zusätzlich eine bis drei der Zwischenmahlzeiten auf den Seiten 142–149 auswählen.

1 Portion enthält 464 kcal · Protein: 19 g · Kohlenhydrate: 50 g · Ballaststoffe: 10 g · Fett: 18 g

Roggenbrot mit Kräuterfrischkäse

ZUBEREITUNGSZEIT: *10 Minuten*
MENGE FÜR: *4 Personen*

ROGGENBROT:
4 Scheiben Roggenbrot
4 EL Kräuterfrischkäse light
4 Scheiben Kassler
⅓ Salatgurke

AUSSERDEM:
4 Vollkornbrötchen
8 kleine Karotten
4 gekochte Eier
16 Walnüsse
4 Orangen

Das Roggenbrot mit Frischkäse und Kassler belegen und zusammenklappen oder wie auf dem Foto das Kassler als Spieß anrichten. Die Gurke entweder mit einem Sparschäler in lange Streifen schneiden oder in Form von Scheiben oder Sticks dazureichen.

Das Brot und die Vollkornbrötchen zusammen mit Karotten, Eiern, Walnüssen und Orangen in die Lunchbox füllen.

Kinder und Jugendliche können nach Bedarf zusätzlich eine bis drei der Zwischenmahlzeiten auf den Seiten 142–149 auswählen.

SO IST DIE ESSKISTE GEFÜLLT:

HANDVOLL NR. 1 UND HANDVOLL NR. 2*: *Karotte, Gurke, Orange**

HANDVOLL NR. 3: *Kräuterfrischkäse, Kassler, Ei*

HANDVOLL NR. 4 UND HANDVOLL NR. 5*: *Roggenbrot, Saatenbrötchen*

FETT: *Walnüsse*

Das Rezept wurde auf der Basis des Esskistenmodells für Kinder und Jugendliche entwickelt, siehe dazu die Erklärung auf Seite 119.

Beachten Sie, dass die verwendete Menge Stärke und Obst drei Handvoll Nr. 4 für eine durchschnittliche Frau entspricht.

* Orangen werden bei Kindern und Jugendlichen zu Handvoll Nr. 1 und Handvoll Nr. 2* gerechnet, bei Erwachsene jedoch zu Handvoll Nr. 4.

1 Portion enthält 520 kcal · Protein: 20 g · Kohlenhydrate: 60 g · Ballaststoffe: 13 g · Fett: 19 g

TIPP

Gönnen Sie Erwachsenen etwas mehr Proteine, und nehmen Sie dafür etwas weniger Brot.

TIPP
Sie können fertig zubereitete Frikadellen verwenden.

Frikadellenspieß und Roggencracker

ZUBEREITUNGSZEIT: *15 Minuten*
MENGE FÜR: *4 Personen*

SPIESS:

10 g Butter
4 Scheiben Roggenbrot
520 g kleine Frikadellen, siehe eventuell Rezept auf Seite 212
100 g rote Paprika
100 g Salatgurke
8 Cocktailtomaten
Basilikumblätter
Holzspieße

AUSSERDEM:

8 Roggencracker, siehe Rezept auf Seite 268
4 Scheiben Käse (mindestens 18 % Fett absolut)
300 g Winterrettich
300–400 g Erdbeeren
150 g Blaubeeren

Das Roggenbrot mit Butter bestreichen, jeweils zwei Scheiben zusammenklappen und vierteln. Die Frikadellen, den Paprika und die Gurke in mundgerechte Stücke schneiden.

Die Brot-, Frikadellen-, Paprika- und Gurkenstücke, die Cocktailtomaten und die Basilikumblätter auf Spieße stecken.

Die Cracker jeweils mit einer halben Scheibe Käse belegen.

Den in Streifen geschnittenen Winterrettich, die Erdbeeren und die Blaubeeren dazulegen.

SO IST DIE ESSKISTE GEFÜLLT:

HANDVOLL NR. 1 UND HANDVOLL NR. 2*: *Tomate, Paprika, Erdbeeren*, Blaubeeren*, Gurke, Winterrettich*

HANDVOLL NR. 3: *Frikadelle*

HANDVOLL NR. 4 UND HANDVOLL NR. 5*: *Roggenbrot, Roggencracker*

FETT: *Butter, Käse*

GEWÜRZ: *Basilikum*

Das Rezept wurde auf der Basis des Esskistenmodells für Kinder und Jugendliche entwickelt, siehe dazu die Erklärung auf Seite 119.

Beachten Sie, dass die verwendete Menge Stärke und Obst drei Handvoll Nr. 4 für eine durchschnittliche Frau entspricht.

* Erdbeeren und Blaubeeren werden bei Kindern und Jugendlichen zu Handvoll Nr. 1 und Handvoll Nr. 2* gerechnet, bei Erwachsenen jedoch zu Handvoll Nr. 4.

Kinder und Jugendliche können nach Bedarf zusätzlich eine bis drei der Zwischenmahlzeiten auf den Seiten 142–149 auswählen.

1 Portion enthält 559 kcal · Protein: 33 g · Kohlenhydrate: 46 g · Ballaststoffe: 11 g · Fett: 25 g

Hähnchen mit Reistafel

ZUBEREITUNGSZEIT: *10 Minuten*
MENGE FÜR: *4 Personen*

Hähnchen mit Reistafel, siehe Rezept auf Seite 232

Fleisch, Reis, Gemüse, Obst und Nüsse werden in geeignete Behälter oder in eine unterteilte Lunchbox gepackt.

Kinder und Jugendliche können nach Bedarf zusätzlich eine bis drei der Zwischenmahlzeiten auf den Seiten 142–149 auswählen.

SO IST DIE ESSKISTE GEFÜLLT:

HANDVOLL NR. 1 UND HANDVOLL NR. 2*: *Zwiebel, Paprika, Gurke, Erbsen*

HANDVOLL NR. 3: *Hähnchen*

HANDVOLL NR. 4: *Reis, Ananas, Rosinen**

FETT: *Öl, Kokosflocken, Erdnüsse*

MILCHPRODUKT: *Milch*

GEWÜRZE: *Curry, Maisstärke, Salz, Pfeffer*

Das Rezept wurde auf der Basis des Esskistenmodells für Erwachsene entwickelt, dabei entspricht die Gesamtmenge Handvoll Nr. 4 etwa einer Handvoll pro Person.

* Ananas und Rosinen werden bei Kindern und Jugendlichen zu Handvoll Nr. 1 und Handvoll Nr. 2* gerechnet, bei Erwachsenen jedoch zu Handvoll Nr. 4.

1 Portion enthält 571 kcal · Protein: 42 g · Kohlenhydrate: 60 g · Ballaststoffe: 8 g · Fett: 16 g

TIPP

Ersetzen Sie den Reis durch ein Stück Vollkornbrot.

TIPP
Sie können für dieses Rezept Geflügelwürstchen, Bratwürste oder andere Würste verwenden.

Würstchen mit Salat

ZUBEREITUNGSZEIT: *15 Minuten*
MENGE FÜR: *4 Personen*

2 rote Paprikaschoten
kleine Spieße
4 Wiener Würstchen, ca. 460 g
80 g grüne Erbsen
80 g Mais

AUSSERDEM:
4 Karotten
320 g Weintrauben
8 EL Crème fraîche (höchstens 9 % Fett)
4 Pizzabrötchen, siehe Rezept auf Seite 262

Die Paprikaschoten in Würfel schneiden und auf die Spieße stecken.

Die Würstchen eventuell grillen.

Die Paprikaspieße, die Würstchen, das Gemüse, das Obst, den Mais, die Crème fraîche und die Pizzabrötchen in unterteilte Lunchboxen füllen.

Kinder und Jugendliche können nach Bedarf zusätzlich eine bis drei der Zwischenmahlzeiten auf den Seiten 142–149 auswählen.

SO IST DIE ESSKISTE GEFÜLLT:

HANDVOLL NR. 1 UND HANDVOLL NR. 2*: *Paprika, Erbsen, Karotte, Weintrauben**

HANDVOLL NR. 3: *Würstchen*

HANDVOLL NR. 4 UND HANDVOLL NR. 5*: *Mais, Pizzabrötchen*

MILCHPRODUKT: *Crème fraîche*

Das Rezept wurde auf der Basis des Esskistenmodells für Kinder und Jugendliche entwickelt, siehe dazu die Erklärung auf Seite 119.

Beachten Sie, dass die verwendete Menge Stärke und Obst zwei Handvoll Nr. 4 für eine durchschnittliche Frau entspricht.

* Weintrauben werden bei Kindern und Jugendlichen zu Handvoll Nr. 1 und Handvoll Nr. 2* gerechnet, bei Erwachsenen jedoch zu Handvoll Nr. 4.

1 Portion enthält 587 kcal · Protein: 25 g · Kohlenhydrate: 43 g · Ballaststoffe: 8 g · Fett: 33 g

Gemüsesticks mit Hummus und Roggenbrot mit Schinkensalat

ZUBEREITUNGSZEIT: *10 Minuten*
MENGE FÜR: *4 Personen*

4 Scheiben Vollkornroggenbrot
4 Portionen Schinkensalat, siehe Rezept auf Seite 292
100 g grüner Spargel
8 kleine Karotten
160 g Radieschen
100 g fertige Roggencracker
4 Portionen Hummus, siehe Rezept auf Seite 288
8 Trockenpflaumen
wenn gewünscht, Schnittlauch zum Garnieren

Das Roggenbrot mit Schinkensalat belegen und nach Geschmack mit Schnittlauch garnieren.

Den Spargel waschen und die holzigen Enden abschneiden.

Die Roggenbrote in die Brotdosen legen.

Spargel, Karotten, Radieschen, Roggencracker, Hummus und Trockenpflaumen in geeignete Behälter geben und, wenn gewünscht, mit Schnittlauch garnieren.

Kinder und Jugendliche können nach Bedarf zusätzlich eine bis drei der Zwischenmahlzeiten auf den Seiten 142–149 auswählen.

SO IST DIE ESSKISTE GEFÜLLT:

HANDVOLL NR. 1 UND HANDVOLL NR. 2*: *Spargel, Karotte, Radieschen, Zwiebel (im Schinkensalat), Trockenpflaumen**

HANDVOLL NR. 3: *Schinkensalat, Kichererbsen (im Hummus)*

HANDVOLL NR. 4 UND HANDVOLL NR. 5*: *Roggenbrot, Roggencracker*

FETT: *Mayonnaise (im Schinkensalat), Öl/Tahin (im Hummus)*

MILCHPRODUKT: *Crème fraîche*

GEWÜRZE: *Pfeffer, Zitronensaft, Knoblauch, Salz, nach Belieben Schnittlauch*

Das Rezept wurde auf der Basis des Esskistenmodells für Kinder und Jugendliche entwickelt, siehe dazu die Erklärung auf Seite 119.

Beachten Sie, dass die verwendete Menge Stärke und Obst zwei Handvoll Nr. 4 für eine durchschnittliche Frau entspricht.

* Trockenpflaumen werden bei Kindern und Jugendlichen zu Handvoll Nr. 1 und Handvoll Nr. 2* gerechnet, bei Erwachsenen jedoch zu Handvoll Nr. 4.

1 Portion enthält 562 kcal · Protein: 21 g · Kohlenhydrate: 59 g · Ballaststoffe: 17 g · Fett: 24 g

TIPP
Anstelle von Hummus können Sie auch Hüttenkäse verwenden.

Nudeln mit Hackfleischsoße

ZUBEREITUNGSZEIT: *10 Minuten*
MENGE FÜR: *4 Personen*

4 Portionen Hackfleischsoße, siehe Rezept auf Seite 220
300 g gekochte Vollkornnudeln
4 Birnen

Die Hackfleischsoße, die Nudeln und die Birnen in geeignete Behälter füllen.

TIPP Sie können die Hackfleischsoße durch Frikadellen oder Hähnchenschenkel ersetzen.

Kinder und Jugendliche können nach Bedarf zusätzlich eine bis drei der Zwischenmahlzeiten auf den Seiten 142–149 auswählen.

SO IST DIE ESSKISTE GEFÜLLT:

HANDVOLL NR. 1 UND HANDVOLL NR. 2*: *Gehackte Tomaten, Zwiebel, Birne**

HANDVOLL NR. 3: *Rinderhackfleisch*

HANDVOLL NR. 4 UND HANDVOLL NR. 5*: *Nudeln, Mehl*

FETT: *Öl*

GEWÜRZE: *Knoblauch, Tomatenmark, Oregano*

Das Rezept wurde auf der Basis des Esskistenmodells für Kinder und Jugendliche entwickelt, siehe dazu die Erklärung auf Seite 119.

Beachten Sie, dass die verwendete Menge Stärke und Obst zwei Handvoll Nr. 4 für eine durchschnittliche Frau entspricht.

* Birnen werden bei Kindern und Jugendlichen zu Handvoll Nr. 1 und Handvoll Nr. 2* gerechnet, bei Erwachsenen jedoch zu Handvoll Nr. 4.

1 Portion enthält 525 kcal · Protein: 39 g · Kohlenhydrate: 47 g · Ballaststoffe: 10 g · Fett: 18 g

Pitabrot mit Hähnchen und Schinken

ZUBEREITUNGSZEIT: *10 Minuten*
MENGE FÜR: *4 Personen*

Pitabrot mit Füllung, siehe Rezept auf Seite 238

AUSSERDEM:

80 g Weintrauben
4 Maracujas
12 Cocktailtomaten
4 kleine Paprikaschoten oder 1 große Paprikaschote

Pitabrot, Hähnchen, Schinken, Salat und Dressing in Lunchboxen oder andere geeignete Behälter geben. Weintrauben, Tomaten und Paprikaschote extra verpacken. Die Maracujas halbieren und in Klarsichtfolie einschlagen. Einen Teelöffel für die Maracuja nicht vergessen.

Kinder und Jugendliche können nach Bedarf zusätzlich eine bis drei der Zwischenmahlzeiten auf den Seiten 142–149 auswählen.

SO IST DIE ESSKISTE GEFÜLLT:

HANDVOLL NR. 1 UND HANDVOLL NR. 2*: *Salat, Gurke, Tomate, Zwiebel, Weintrauben*, Maracuja*, Paprika*

HANDVOLL NR. 3: *Hähnchen, Schinken*

HANDVOLL NR. 4 UND HANDVOLL NR. 5*: *Pitabrot*

FETT: *Crème-fraîche-Dressing, Pesto*

Das Rezept wurde auf der Basis des Esskistenmodells für Kinder und Jugendliche entwickelt, siehe dazu die Erklärung auf Seite 119.

Beachten Sie, dass die verwendete Menge Stärke und Obst zwei Handvoll Nr. 4 für eine durchschnittliche Frau entspricht.

* Weintrauben und Maracujas werden bei Kindern und Jugendlichen zu Handvoll Nr. 1 und Handvoll Nr. 2* gerechnet, bei Erwachsenen jedoch zu Handvoll Nr. 4.

1 Portion enthält 604 kcal · Protein: 28 g · Kohlenhydrate: 66 g · Ballaststoffe: 7 g · Fett: 23 g

TIPP
Füllen Sie die Pitabrote erst direkt vor dem Essen.

TIPP

Verwenden Sie Fleisch- oder Fischreste vom Vortag, und geben Sie zum Beispiel noch ein Ei dazu.

Hähnchenschenkel mit Mais

ZUBEREITUNGSZEIT: *15 Minuten*
MENGE FÜR: *4 Personen*

4 Scheiben Vollkorntoast
10 g Butter
2 Maiskolben oder Mais aus der Dose
8 gebratene Hähnchenschenkel
8 Cocktailtomaten
200 g Gemüsesticks
2–4 Bananen
4–8 Datteln

Die Toastscheiben mit Butter bestreichen und die Maiskolben halbieren.

Toast, Mais, Hähnchenschenkel, Gemüse und Obst in Lunchboxen und andere geeignete Behälter füllen.

Kinder und Jugendliche können nach Bedarf zusätzlich eine bis drei der Zwischenmahlzeiten auf den Seiten 142–149 auswählen.

SO IST DIE ESSKISTE GEFÜLLT:

HANDVOLL NR. 1 UND HANDVOLL NR. 2*: *Tomate, Gemüsesticks, Banane*, Dattel**

HANDVOLL NR. 3: *Hähnchenschenkel*

HANDVOLL NR. 4 UND HANDVOLL NR. 5*: *Toast, Mais*

FETT: *Butter*

Das Rezept wurde auf der Basis des Esskistenmodells für Kinder und Jugendliche entwickelt, siehe dazu die Erklärung auf Seite 119.

Beachten Sie, dass die verwendete Menge Stärke und Obst drei Handvoll Nr. 4 für eine durchschnittliche Frau entspricht.

* Bananen und Datteln werden bei Kindern und Jugendlichen zu Handvoll Nr. 1 und Handvoll Nr. 2* gerechnet, bei Erwachsenen jedoch zu Handvoll Nr. 4. Da die Größe bei Bananen und Datteln erheblich variiert, kann die Anzahl nicht genau angegeben werden. Finden Sie heraus, welche Menge zu Ihrer Familie passt.

1 Portion enthält 555 kcal · Protein: 35 g · Kohlenhydrate: 54 g · Ballaststoffe: 7 g · Fett: 20 g

Roggenbrot mit Fisch in Tomatensoße

ZUBEREITUNGSZEIT: *15 Minuten*

MENGE FÜR: *4 Personen*

HINWEIS: *Rhabarber ist ein Gemüse und zählt daher zu Handvoll Nr. 1 und Handvoll Nr. 2*.*

4 Scheiben Vollkornroggenbrot
400 g Mango
60 g Mandeln
200 g Salatgurke
400 g Rhabarberkompott, siehe Rezept auf Seite 286
2 kleine Avocados
4 Dosen Fisch-Minis in Tomatensoße

Das Roggenbrot halbieren und die Mango in Würfel schneiden. Die Mandeln nach Belieben grob hacken.

Roggenbrot, Mango, Mandeln, Gurke, Rhabarberkompott und Avocados in geeignete Behälter füllen. Die Dosen mit dem Fisch erst unmittelbar vor dem Essen öffnen.

Kinder und Jugendliche können nach Bedarf zusätzlich eine bis drei der Zwischenmahlzeiten auf den Seiten 142–149 auswählen.

SO IST DIE ESSKISTE GEFÜLLT:

HANDVOLL NR. 1 UND HANDVOLL NR. 2*: *Gurke, Rhabarber (im Rhabarberkompott), Mango**

HANDVOLL NR. 3: *Fisch-Minis in Tomatensoße*

HANDVOLL NR. 4 UND HANDVOLL NR. 5*: *Roggenbrot*

FETT: *Mandeln, Avocado*

GEWÜRZE: *Zucker oder Süßstoff (im Rhabarberkompott)*

Das Rezept wurde auf der Basis des Esskistenmodells für Kinder und Jugendliche entwickelt, siehe dazu die Erklärung auf Seite 119.

Beachten Sie, dass die verwendete Menge Stärke und Obst zwei Handvoll Nr. 4 für eine durchschnittliche Frau entspricht.

* Mango wird bei Kindern und Jugendlichen zu Handvoll Nr. 1 und Handvoll Nr. 2* gerechnet, bei Erwachsenen jedoch zu Handvoll Nr. 4.

1 Portion enthält 488 kcal · Protein: 15 g · Kohlenhydrate: 53 g · Ballaststoffe: 13 g · Fett: 21 g

TIPP
Essen Sie Vanille-Skyr oder Joghurt zum Rhabarberkompott.

TIPP
Geben Sie ein wenig Hähnchenfleisch in den Salat.

Nudelsalat mit Erbsen und Pesto

ZUBEREITUNGSZEIT: *15 Minuten*
MENGE FÜR: *4 Personen*

600 g gekochte Vollkornnudeln
2 EL Olivenöl
400 g grüne Erbsen
360 g Cocktailtomaten
4 EL rotes Pesto
80 g gebratener Bacon
4 Kiwis
60 g Pistazien (mit Schale ca. 40 Stück)

Die Nudeln mit dem Olivenöl mischen. Erbsen, halbierte Tomaten, rotes Pesto und klein geschnittenen Bacon hinzugeben.

Die Kiwis und die Pistazien getrennt davon verpacken.

Kinder und Jugendliche können nach Bedarf zusätzlich eine bis drei der Zwischenmahlzeiten auf den Seiten 142–149 auswählen.

SO IST DIE ESSKISTE GEFÜLLT:

HANDVOLL NR. 1 UND HANDVOLL NR. 2*: *Erbsen, Tomate, Kiwi**

HANDVOLL NR. 3: *Bacon*

HANDVOLL NR. 4 UND HANDVOLL NR. 5*: *Nudeln*

FETT: *Öl, Pesto, Pistazien*

Das Rezept wurde auf der Basis des Esskistenmodells für Kinder und Jugendliche entwickelt, siehe dazu die Erklärung auf Seite 119.

Beachten Sie, dass die verwendete Menge Stärke und Obst zwei Handvoll Nr. 4 für eine durchschnittliche Frau entspricht.

* Kiwis werden bei Kindern und Jugendlichen zu Handvoll Nr. 1 und Handvoll Nr. 2* gerechnet, bei Erwachsenen jedoch zu Handvoll Nr. 4.

1 Portion enthält 568 kcal · Protein: 21 g · Kohlenhydrate: 57 g · Ballaststoffe: 14 g · Fett: 26 g

Kalte Fischplatte

ZUBEREITUNGSZEIT: *15 Minuten*
MENGE FÜR: *4 Personen*

100 g Fischstäbchen, siehe Rezept auf Seite 228
4 Dosen Fisch-Minis in Tomatensoße
100 g Krabben
320 g Lachssalat, siehe Rezept auf Seite 294
150 g Thunfisch
40 g Mayonnaise
4 EL Crème fraîche (höchstens 9 % Fett)
160 g grüner Spargel
100 g Salat
10 Radieschen
100 g Salatgurke
1 Zitrone
1 EL Kresse
80 g Roggenbrotchips, siehe Rezept auf Seite 270
2 Saatenbrötchen, siehe Rezept auf Seite 260
4 Scheiben Knäckebrot

ALS GARNITUR:
Erbsensprossen

Den Fisch (mit Ausnahme des Dosenfischs), das Gemüse, die Mayonnaise und die Kresse hübsch anrichten, die Zitrone, die Roggenbrotchips, die Brötchen und das Knäckebrot dazuservieren. Die Fischdosen erst unmittelbar vor dem Essen öffnen. Die Fischplatte zum Schluss mit Erbsensprossen garnieren.

SO IST DIE ESSKISTE GEFÜLLT:

HANDVOLL NR. 1 UND HANDVOLL NR. 2*: *Spargel, Salat, Radieschen, Gurke*

HANDVOLL NR. 3: *Fischstäbchen, Fisch-Minis in Tomatensoße, Krabben, Lachssalat, Thunfisch*

HANDVOLL NR. 4: *Roggenbrotchips, Saatenbrötchen, Knäckebrot*

FETT: *Mayonnaise*

MILCHPRODUKT: *Crème fraîche*

GEWÜRZE: *Zitrone, Kresse, Erbsenkeime*

Das Rezept wurde auf der Basis des Esskistenmodells für Erwachsene entwickelt. Die Aufteilung für Erwachsene, Kinder und Jugendliche ist hier identisch.

Die Menge Roggenbrotchips, Saatenbrötchen und Knäckebrot entspricht einer großen Handvoll Nr. 4 für eine durchschnittliche Frau.

Kinder und Jugendliche können nach Bedarf zusätzlich eine bis drei der Zwischenmahlzeiten auf den Seiten 142–149 auswählen.

1 Portion enthält 571 kcal · Protein: 36 g · Kohlenhydrate: 33 g · Ballaststoffe: 7 g · Fett: 31 g

TIPP

Verwenden Sie selbst zubereitete oder fertig gekaufte Fischgerichte und Brotchips.

TIPP
Original dänischer Dorsch-rogen ist im Onlinehandel erhältlich.

Roggenbrot mit Dorschrogen

ZUBEREITUNGSZEIT: *15 Minuten*
MENGE FÜR: *4 Personen*

5 Scheiben Vollkornroggenbrot
25 g Butter
500 g dänischer Dorschrogen
75 g Remoulade
1 Zitrone
1 Kohlrabi
1 gelbe Paprikaschote
5 Vespergurken
1 l teilentrahmte Milch (4 × 250 ml)

Die Brotscheiben mit Butter bestreichen und halbieren.

Den Dorschrogen in Scheiben schneiden und die Brotscheiben damit belegen.

Mit Remoulade und Zitronenspalten garnieren.

Den Kohlrabi schälen und in mundgerechte Stücke schneiden.

Die Paprikaschote in kleinere Stücke teilen.

Die fertigen Roggenbrote, den Kohlrabi, die Paprikaschote und die Vespergurken in die Lunchbox geben.

Die Milch dazu genießen.

SO IST DIE ESSKISTE GEFÜLLT:

HANDVOLL NR. 1 UND HANDVOLL NR. 2*: *Kohlrabi, Gurke, Paprika*

HANDVOLL NR. 3: *Dorschrogen*

HANDVOLL NR. 4: *Roggenbrot*

FETT: *Butter, Remoulade*

MILCHPRODUKT: *teilentrahmte Milch*

AUSSERDEM: *Zitrone*

Das Rezept wurde auf der Basis des Esskistenmodells für Erwachsene entwickelt. Die Aufteilung für Erwachsene, Kinder und Jugendliche ist hier identisch.

Kinder und Jugendliche können nach Bedarf zusätzlich eine bis drei der Zwischenmahlzeiten auf den Seiten 142–149 auswählen.

1 Portion enthält 519 kcal · Protein: 31 g · Kohlenhydrate: 47 g · Ballaststoffe: 7 g · Fett: 22 g

Roggenbrot mit Leberpastete

ZUBEREITUNGSZEIT: *15 Minuten*
MENGE FÜR: *4 Personen*

5 Scheiben Roggenbrot
10 g Butter
200 g Leberpastete oder grobe Leberwurst
½ Salatgurke
5 Scheiben gebratener Bacon
200 g Emmentaler (mindestens 18 % Fett absolut)
300 g Weintrauben
4 Mandarinen

Roggenbrotscheiben mit Butter und Leberpastete oder grober Leberwurst bestreichen. Gurkenscheiben und Bacon auf die Brote legen.

Den Käse in mundgerechte Stücke schneiden.

Geben Sie die Brote mit der Leberpastete, die Käsestücke, die Weintrauben und die Mandarinen in die Lunchboxen.

Kinder und Jugendliche können nach Bedarf zusätzlich eine bis drei der Zwischenmahlzeiten auf den Seiten 142–149 auswählen.

SO IST DIE ESSKISTE GEFÜLLT:

HANDVOLL NR. 1 UND HANDVOLL NR. 2*: *Gurke, Weintrauben*, Mandarine**

HANDVOLL NR. 3: *Leberpastete, Bacon*

HANDVOLL NR. 4 UND HANDVOLL NR. 5*: *Roggenbrot, Weintrauben, Mandarine*

FETT: *Butter, Emmentaler*

Das Rezept wurde auf der Basis des Esskistenmodells für Kinder und Jugendliche entwickelt, siehe dazu die Erklärung auf Seite 119.

Beachten Sie, dass die verwendete Menge Stärke und Obst zwei Handvoll Nr. 4 für eine durchschnittliche Frau entspricht.

* Weintrauben und Mandarinen werden bei Kindern und Jugendlichen zu Handvoll Nr. 1 und Handvoll Nr. 2* gerechnet, bei Erwachsenen jedoch zu Handvoll Nr. 4.

TIPP Sie können die Leberpastete durch Teewurst oder Salami ersetzen.

1 Portion enthält 579 kcal · Protein: 26 g · Kohlenhydrate: 41 g · Ballaststoffe: 7 g · Fett: 33 g

INFO

Der Emmentaler versteckt sich neben den Trauben unter dem Deckel der Lunchbox.

Hauptgerichte

Für Kinder
Für Jugend-liche

So teilen Sie ein Abendessen.

BEISPIEL:

Tacoschalen mit Hähnchen

Siehe Rezept auf Seite 216

SO IST DIE ESSKISTE GEFÜLLT:

FÜR FRAUEN, MÄNNER, JUGENDLICHE UND KINDER

HANDVOLL NR. 1 UND HANDVOLL NR. 2*: *Salat, Gurke, Tomate, Zwiebel, Salsa*

HANDVOLL NR. 3: *Hähnchen*

HANDVOLL NR. 4: *Mais, Tacoschalen*

FETT: *Avocado, Cheddarkäse*

MILCHPRODUKT: *Crème fraîche*

GEWÜRZE: *Limettensaft, Chili, Salz, Pfeffer, Jalapeños, Brunnenkresse*

Hähnchen in Barbecuesoße

ZUBEREITUNGSZEIT: *35 Minuten*
MENGE FÜR: *4 Personen*

PITACHIPS:
5 kleine Pitabrote aus Vollkorn
1 Eiweiß
1 EL Oregano
1 Prise Salz

HÄHNCHEN:
1 TL Öl
600 g Hähnchenbrust in Würfeln
4 EL Barbecuesoße
150 ml Magermilch
150 ml Sahne
Salz und Pfeffer

SALSA:
2 Tomaten
100 g Zucchini
½ gelbe Paprikaschote
100 g blaue Weintrauben
250 g Mais
2 EL Schnittlauchröllchen
1 EL Limettensaft
nach Belieben Chiliflocken

Die Pitabrote der Länge nach teilen und mit der Innenseite nach unten legen. Die Oberseite mit Eiweiß bepinseln und mit Oregano und Salz bestreuen. Die Brote 15–20 Minuten bei 200 °C backen, bis sie knusprig sind. Vor dem Servieren in kleinere Stücke brechen.

Das Öl in einer Pfanne erhitzen und die Hähnchenstücke auf beiden Seiten kurz anbraten.

Barbecuesoße, die Milch und die Sahne in die Pfanne gießen. Mit Salz und Pfeffer und noch etwas mehr Barbecuesoße abschmecken. Deckel auf die Pfanne legen und das Gericht etwa 15 Minuten bei gleichmäßiger Hitze zu Ende garen.

Die Tomaten halbieren und eventuell die Kerne entfernen, dann in kleine Würfel schneiden. Die Zucchini und die Paprika ebenfalls würfeln und die Weintrauben vierteln. Nun den Mais, den Schnittlauch, den Limettensaft und falls Sie mögen die Chiliflocken dazugeben.

Das Hähnchen in der Barbecuesoße mit den Pitachips und der Salsa servieren.

SO IST DIE ESSKISTE GEFÜLLT:

HANDVOLL NR. 1 UND HANDVOLL NR. 2*: *Tomate, Zucchini, Paprika*

HANDVOLL NR. 3: *Hähnchen, Eiweiß*

HANDVOLL NR. 4: *Pitabrot, Weintrauben**, *Mais*

FETT: *Öl, Sahne*

MILCHPRODUKT: *Milch*

GEWÜRZE: *Barbecuesoße, Salz, Pfeffer, Oregano, Schnittlauch, Limettensaft, nach Belieben Chiliflocken*

Das Rezept wurde auf der Basis des Esskistenmodells für Erwachsene entwickelt, dabei entspricht die Gesamtmenge Handvoll Nr. 4 etwa einer Handvoll pro Person.

* Weintrauben werden bei Kindern und Jugendlichen zu Handvoll Nr. 1 und Handvoll Nr. 2* gerechnet, bei Erwachsenen jedoch zu Handvoll Nr. 4.

1 Portion enthält 629 kcal · Protein: 46 g · Kohlenhydrate: 57 g · Ballaststoffe: 8 g · Fett: 22 g

TIPP
Die Soße kann mit einem hellen Soßenbinder angedickt werden.

TIPP

Anstatt Frikadellen zu formen, können Sie die Hackfleischmasse auch wie einen großen Pfannkuchen von beiden Seiten braten.

Frikadellen mit Blumenkohl und Nudeln in roter Soße

ZUBEREITUNGSZEIT: *40 Minuten*

MENGE FÜR: *4 Personen*

HINWEIS: *Auf den Seiten 24/25 wird beispielhaft gezeigt, wie das Gericht auf die Familie aufgeteilt werden kann.*

HACKFLEISCHMASSE FÜR 10–12 FRIKADELLEN:

1 Zwiebel

400–500 g Schweinehackfleisch (höchstens 6 % Fett)

1 Ei

1 TL Salz

½ TL Pfeffer

15 g Butter

BLUMENKOHL:

500 g Blumenkohl

4 Scheiben Bacon

SOSSE:

35 g Butter

2 EL Weizenmehl

500 ml Milch

100 ml Ketchup

Salz

AUSSERDEM:

130 g Vollkornnudeln

Die Zwiebel fein hacken oder reiben und zusammen mit allen anderen Zutaten einen Hackfleischteig herstellen. Frikadellen formen und in Butter braten.

Den Blumenkohl in kleinere Röschen teilen, die Baconscheiben halbieren und um jedes Blumenkohlröschen ein Stück Bacon wickeln. Auf das Backpapier legen und 15–20 Minuten bei 200 °C backen.

Die Nudeln nach Packungsanweisung al dente kochen.

Die Butter schmelzen und das Mehl unter Rühren hinzugeben. Mit 100 ml Milch ablöschen und kräftig rühren. Die restliche Milch bis zum Erreichen der gewünschten Konsistenz nach und nach hinzugeben. Die Soße ca. 10 Minuten durchkochen lassen, dann den Ketchup einrühren und mit Salz abschmecken.

Die gekochten Nudeln in die Soße geben.

SO IST DIE ESSKISTE GEFÜLLT:

HANDVOLL NR. 1 UND HANDVOLL NR. 2*: *Zwiebel, Blumenkohl*

HANDVOLL NR. 3: *Schweinefleisch, Ei, Bacon*

HANDVOLL NR. 4: *Nudeln, Mehl*

FETT: *Butter*

MILCHPRODUKT: *Milch*

GEWÜRZE: *Salz, Pfeffer, Ketchup*

Das Rezept wurde auf der Basis des Esskistenmodells für Erwachsene entwickelt. Die Aufteilung für Erwachsene, Kinder und Jugendliche ist hier identisch.

1 Portion enthält 553 kcal · Protein: 40 g · Kohlenhydrate: 40 g · Ballaststoffe: 4 g · Fett: 25 g

One-Pot-Ofengericht mit Hähnchen

ZUBEREITUNGSZEIT: *80 Minuten*
MENGE FÜR: *4 Personen*
HINWEIS: *Die Hälfte des Gerichts wird mit Currypulver gewürzt – so können die Familienmitglieder wählen, ob sie eine Portion mit oder ohne Curry möchten.*

OFENGERICHT:
1 Zwiebel
2 große Zehen Knoblauch
1 rote Paprikaschote
300 g Weißkohl
1 Lauchstange
100 g Brokkoli
2 Scheiben Bacon
1 Würfel Hühnerbrühe
300 ml Wasser
700 g Hähnchen, Unter- und Oberschenkel mit Haut
120 g Vollkornreis
100 ml Schlagsahne
200 ml Milch
1–2 TL Currypulver
1 TL Salz
½ TL Pfeffer

AUSSERDEM:
frische Kräuter

Die Zwiebel, den Knoblauch und die Paprikaschote würfeln, den Weißkohl in Streifen und die Lauchstange in Scheiben schneiden. Den Brokkoli in kleine, mundgerechte Röschen zerteilen und den Bacon in kleine Stücke schneiden.

Den Brühwürfel in kochendem Wasser auflösen. Sichtbares Fett von den Hähnchenschenkeln entfernen.

Den Reis, die Brühe und das Gemüse in eine große, ofenfeste Form geben, die Sahne und die Milch dazugießen. Eine Hälfte des Gerichts mit Currypulver bestreuen. Die Hähnchenschenkel darauflegen und mit Salz und Pfeffer abschmecken. Das Gericht 60 Minuten bei 200 °C im Ofen backen.

SO IST DIE ESSKISTE GEFÜLLT:

HANDVOLL NR. 1 UND HANDVOLL NR. 2*: *Zwiebel, Paprika, Weißkohl, Lauch, Brokkoli*

HANDVOLL NR. 3: *Bacon, Hähnchen*

HANDVOLL NR. 4: *Reis*

FETT: *Sahne*

MILCHPRODUKT: *Milch*

GEWÜRZE: *Knoblauch, Brühe, Curry, Salz, Pfeffer, Kräuter*

Das Rezept wurde auf der Basis des Esskistenmodells für Erwachsene entwickelt. Die Aufteilung für Erwachsene, Kinder und Jugendliche ist hier identisch.

TIPP Bereiten Sie gegebenenfalls die doppelte Menge zu, denn das Gericht eignet sich sehr gut für die Lunchbox.

TIPP Durch die Zugabe von Apfelwürfeln kann man dem Gericht eine süße Note geben.

1 Portion enthält 562 kcal · Protein: 45 g · Kohlenhydrate: 39 g · Ballaststoffe: 5 g · Fett: 24 g

TIPP

Verwenden Sie die Gewürze und Kräuter, die Ihre Familie gerne mag, zum Beispiel Paprika, Oregano oder Thymian.

TIPP
Sie können die Tacoschalen durch Tortillawraps ersetzen.

Tacoschalen mit Hähnchen

ZUBEREITUNGSZEIT: *45 Minuten*

MENGE FÜR: *4 Personen*

HINWEIS: *Auf den Seiten 208/209 wird beispielhaft gezeigt, wie das Gericht auf die Familie aufgeteilt werden kann.*

GUACAMOLE:

1 reife Avocado

120 g Crème fraîche (höchstens 9 % Fett)

2–3 TL Limettensaft

½ TL Chili, getrocknet

½ TL Salz

1 Messerspitze Pfeffer

FÜLLUNG:

600 g Hähnchenfleisch in Streifen, fertig zubereitet

½ Eisbergsalat

1 Salatgurke

200 g Tomaten

100 g Mais

1 rote Zwiebel

4 EL Jalapeños

200 g Salsa

50 g Cheddarkäse, gerieben

AUSSERDEM:

6 Tacoschalen

ALS GARNITUR:

Brunnenkresse

Das Avocadofleisch mit einer Gabel zerdrücken und mit Crème fraîche, Limettensaft, Chili, Salz und Pfeffer mischen.

Die Hähnchenstreifen auf eine große Platte legen, dazu den geschnittenen Salat, Gurke, Tomaten, Mais und Zwiebeln anrichten. Die Jalapeños, die Salsa und den Cheddar in kleinen Schälchen auf den Tisch stellen.

Die Tacoschalen eventuell vor dem Servieren im Ofen erwärmen.

SO IST DIE ESSKISTE GEFÜLLT:

HANDVOLL NR. 1 UND HANDVOLL NR. 2*: *Salat, Gurke, Tomaten, Zwiebel, Salsa*

HANDVOLL NR. 3: *Hähnchen*

HANDVOLL NR. 4: *Mais, Tacoschalen*

FETT: *Avocado, Cheddarkäse*

MILCHPRODUKT: *Crème fraîche*

GEWÜRZE: *Limettensaft, Chili, Salz, Pfeffer, Jalapeños, Brunnenkresse*

Das Rezept wurde auf der Basis des Esskistenmodells für Erwachsene entwickelt. Die Aufteilung für Erwachsene, Kinder und Jugendliche ist hier identisch.

1 Portion enthält 571 kcal · Protein: 56 g · Kohlenhydrate: 32 g · Ballaststoffe: 7 g · Fett: 23 g

Fleischklößchen in Currysoße

ZUBEREITUNGSZEIT: *40 Minuten*
MENGE FÜR: *4 Personen*

HACKFLEISCHKLÖSSCHEN:

450 g Hackfleisch von Schwein und Kalb (höchstens 10 % Fett)
1 Ei
3 EL Weizenmehl
1 kleiner TL Salz
½ TL Pfeffer
150 ml Magermilch
1 Zwiebel, gerieben

CURRYSOSSE:

1 Zwiebel
1 Apfel
½ Würfel Gemüsebrühe
200 ml Wasser
30 g Butter
1 EL Currypulver
3 EL Weizenmehl
200 ml Magermilch
1 EL Apfelessig
Salz und Pfeffer

AUSSERDEM:

150 g Vollkornreis
300 g grüne Erbsen

ALS GARNITUR:

Erbsensprossen

Das Hackfleisch mit dem Ei, dem Mehl, dem Salz, dem Pfeffer, der Milch und der geriebenen Zwiebel mischen. In einem Topf leicht gesalzenes Wasser zum Kochen bringen, aus der Masse kleine Klößchen formen und im Wasser kochen. Wenn die Klößchen nach einigen Minuten an die Oberfläche steigen, sind sie gar.

Den Reis nach Packungsanweisung zubereiten. Die Erbsen einige Minuten kochen.

Die Zwiebel und den Apfel in kleine Würfel schneiden, den Brühwürfel in kochendem Wasser auflösen. Die Butter in einem Topf schmelzen, Currypulver hinzufügen und die Zwiebel- und Apfelwürfel leicht anschwitzen, aber nicht braun werden lassen. Mehl darüberstreuen und Milch und Brühe unter Rühren hinzugeben. Die Soße mit Essig, Salz und Pfeffer abschmecken.

Die Klößchen in der Currysoße erwärmen und zusammen mit dem Reis und den Erbsen servieren. Nach Belieben mit Erbsensprossen garnieren.

SO IST DIE ESSKISTE GEFÜLLT:

HANDVOLL NR. 1 UND HANDVOLL NR. 2*: *Zwiebeln, Erbsen*

HANDVOLL NR. 3: *Hackfleisch, Ei*

HANDVOLL NR. 4: *Apfel*, Reis, Mehl**

FETT: *Butter*

MILCHPRODUKT: *Milch*

GEWÜRZE: *Salz, Pfeffer, Currypulver, Brühe, Essig, Erbsensprossen*

Das Rezept wurde auf der Basis des Esskistenmodells für Erwachsene entwickelt, dabei entspricht die Gesamtmenge Handvoll Nr. 4 etwa einer Handvoll pro Person.

* Äpfel werden bei Kindern und Jugendlichen zu Handvoll Nr. 1 und Handvoll Nr. 2* gerechnet, bei Erwachsenen jedoch zu Handvoll Nr. 4.

1 Portion enthält 565 kcal · Protein: 35 g · Kohlenhydrate: 56 g · Ballaststoffe: 8 g · Fett: 21 g

TIPP
Geben Sie einen Brühwürfel in das Kochwasser der Fleischklößchen.

TIPP
Falls die Zeit knapp ist, können Sie auch fertige Klößchen kaufen.

TIPP

Bereiten Sie eine größere Portion Hackfleischsoße zu, die können Sie zum Beispiel für Lasagne, Piroggen oder Pizza in der Lunchbox verwenden.

Spaghetti Bolognese

ZUBEREITUNGSZEIT: *30 Minuten*
MENGE FÜR: *4 Personen*

HACKFLEISCHSOSSE:
1 EL Olivenöl
2 Zwiebeln
1 große Zehe Knoblauch
600 g Rinderhackfleisch (höchstens 10 % Fett)
1 Dose gehackte Tomaten
2 EL Tomatenmark
100 ml Wasser
1 Brühwürfel
1–2 EL Oregano
Salz und Pfeffer
2 EL Weizenmehl

AUSSERDEM:
200 g Vollkornspaghetti
1 große Zucchini
4 EL Parmesan, gerieben

ALS GARNITUR:
Erbsensprossen oder frisches Basilikum

Das Öl in einem Topf erhitzen, gehackte Zwiebeln und Knoblauch anschwitzen. Das Hackfleisch hinzugeben und rundherum gut bräunen lassen.

Die gehackten Tomaten zusammen mit dem Tomatenmark, Wasser, Brühwürfel, Oregano, Salz und Pfeffer in den Topf geben. Das Gericht 10–15 Minuten leise kochen lassen. Das Weizenmehl mit 100 ml kaltem Wasser verrühren und die Soße damit binden.

Die Spaghetti nach der Packungsanweisung in leicht gesalzenem Wasser kochen.

Die Spaghetti aus dem kochenden Wasser nehmen und die in Streifen geschnittene Zucchini hineingeben. Die Zucchinistreifen kurz aufkochen lassen, dann herausnehmen.

Die Hackfleischsoße zusammen mit den Spaghetti, den Zucchinistreifen und dem Parmesan servieren. Nach Belieben mit Erbsensprossen oder Basilikum garnieren.

SO IST DIE ESSKISTE GEFÜLLT:

HANDVOLL NR. 1 UND HANDVOLL NR. 2*: *Zwiebeln, Tomaten, Zucchini*

HANDVOLL NR. 3: *Rinderhackfleisch*

HANDVOLL NR. 4: *Spaghetti, Mehl*

FETT: *Öl, Parmesan*

GEWÜRZE: *Knoblauch, Tomatenmark, Brühe, Oregano, Salz, Pfeffer, nach Belieben Erbsensprossen oder Basilikum*

Das Rezept wurde auf der Basis des Esskistenmodells für Erwachsene entwickelt. Die Aufteilung für Erwachsene, Kinder und Jugendliche ist hier identisch.

TIPP *Sie können die Zucchini auch würfeln, statt sie in Streifen zu schneiden.*

1 Portion enthält 568 kcal · Protein: 44 g · Kohlenhydrate: 50 g · Ballaststoffe: 10 g · Fett: 20 g

Schweinebraten mit Rotkohl

ZUBEREITUNGSZEIT: *90 Minuten*

MENGE FÜR: *4 Personen*

HINWEIS: *Der Braten reicht für mehrere Tage. Auf Seite 156 sehen Sie, wie Sie den Schweinebraten zum Beispiel fürs Lunchpaket verwenden können.*

SCHWEINEBRATEN:

1000–1500 g Schweinekammbraten (Schweinenacken) mit Schwarte

1 EL grobes Salz

600 ml Wasser

SOSSE:

400 ml vom Bratenfond

1½ EL Weizenmehl

60 ml Sahne

Salz und Pfeffer

AUSSERDEM:

400 g Kartoffeln

300 g Rotkohl aus dem Glas

150 g Essiggurken

ALS GARNITUR:

Erbsensprossen oder Kerbel

Die Schwarte bis tief in die Speckschicht in geringen Abständen einschneiden. Die Schwarte gut mit grobem Salz einreiben.

Den Braten mit der Schwarte nach unten in eine ofenfeste Form geben. Das Wasser dazugießen und den Schweinebraten 30 Minuten bei 180 °C im Ofen braten. Dann den Braten wenden und etwas mehr grobes Salz auf die Schwarte streuen. Noch 50–70 Minuten bei einer Kerntemperatur von 65 °C weiterbraten oder bis der Braten bei einer Kerntemperatur von 68–70 °C ganz durch und die Schwarte knusprig ist.

Nach dem Abschöpfen des Fetts den Bratenfond in eine kleine Kasserolle geben. Das Mehl mit etwas kaltem Wasser verrühren und zum Binden in den kochenden Bratenfond einrühren. Die Sahne zugeben und mit Salz und Pfeffer abschmecken.

Die Kartoffeln kochen und den Rotkohl erwärmen.

Ungefähr 500 g des Bratens zusammen mit den Kartoffeln, der Soße, dem Rotkohl und den Gewürzgurken servieren. Mit Erbsensprossen oder Kerbel garnieren.

SO IST DIE ESSKISTE GEFÜLLT:

HANDVOLL NR. 1 UND HANDVOLL NR. 2*: *Rotkohl, Essiggurken*

HANDVOLL NR. 3: *Schweinekammbraten mit Schwarte*

HANDVOLL NR. 4: *Kartoffeln, Mehl*

FETT: *Sahne*

GEWÜRZE: *Salz, Pfeffer, Bratenfond, nach Belieben Erbsensprossen oder Kerbel*

Das Rezept wurde auf der Basis des Esskistenmodells für Erwachsene entwickelt. Die Aufteilung für Erwachsene, Kinder und Jugendliche ist bei ihm identisch.

1 Portion enthält 544 kcal · Protein: 28 g · Kohlenhydrate: 39 g · Ballaststoffe: 4 g · Fett: 31 g

TIPP

Sie können den Rotkohl je nach Jahreszeit durch Blumenkohl, Brokkoli oder anderes Gemüse ersetzen.

TIPP
Servieren Sie zu diesem Gericht Roggenbrot und Senf.

TIPP
Sie können als Beilage zu dem Gericht auch einen Beutel Tiefkühlwurzelgemüse zubereiten.

Bauernpfanne

ZUBEREITUNGSZEIT: *15 Minuten*
MENGE FÜR: *4 Personen*

BAUERNPFANNE:
1 Zwiebel
1 EL Olivenöl
400 g gekochte Kartoffeln
100 g gekochte Karotten
100 g gekochte Pastinaken
100 g gekochter Sellerie
400 g Schweinebraten
Salz und Pfeffer

AUSSERDEM:
10 g Butter
4 Eier
120 g eingelegte Rote Bete
4 EL Ketchup

ALS GARNITUR:
Schnittlauch

Die Zwiebel in kleine Würfel schneiden und in einer heißen Pfanne im Öl anbraten.

Die Kartoffeln, die Karotten, die Pastinaken, den Sellerie und das Fleisch grob würfeln und dazugeben. Häufig wenden, damit alle Seiten gleichmäßig braun werden. Mit Salz und Pfeffer würzen.

Die Butter in eine heiße Pfanne geben und die Spiegeleier braten.

Die Bauernpfanne mit Spiegelei, Roter Bete, Ketchup und etwas Schnittlauch servieren.

SO IST DIE ESSKISTE GEFÜLLT:

HANDVOLL NR. 1 UND HANDVOLL NR. 2*: *Zwiebel, Karotten, Pastinaken, Sellerie, Rote Bete*

HANDVOLL NR. 3: *Braten, Eier*

HANDVOLL NR. 4: *Kartoffeln*

FETT: *Öl, Butter*

GEWÜRZE: *Salz, Pfeffer, Ketchup, Schnittlauch*

Das Rezept wurde auf der Basis des Esskistenmodells für Erwachsene entwickelt. Die Aufteilung für Erwachsene, Kinder und Jugendliche ist hier identisch.

1 Portion enthält 594 kcal · Protein: 34 g · Kohlenhydrate: 39 g · Ballaststoffe: 7 g · Fett: 32 g

Burger mit Bohnen-Fritten

ZUBEREITUNGSZEIT: *35 Minuten*
MENGE FÜR: *4 Personen*

DRESSING:

20 g Mayonnaise
120 g Crème fraîche (höchstens 9 % Fett)
3 EL Ketchup
1 TL Paprikapulver
Salz und Pfeffer

BOHNEN-FRITTEN:

½ TL Öl
400 g grüne Bohnen
Salz

BURGER:

500 g Rinderhackfleisch (höchstens 6 % Fett)
Salz und Pfeffer
½ TL Öl
6 mittelgroße Vollkorn-Burgerbrötchen
3 Tomaten
200 g Salatgurke
1 Zwiebel
1 Kopfsalat

Die Mayonnaise, die Crème fraîche, das Ketchup, das Paprikapulver, Salz und Pfeffer zu einem Dressing verrühren und dann kühl stellen.

Die Bohnen mit etwas Öl einsprühen – oder in einem Beutel mit Öl schütteln – und 25–30 Minuten bei 200 °C im heißen Ofen backen, bis sie knusprig sind. Mit etwas Salz würzen.

Aus dem Hackfleisch 6 dünne Burger-Pattys formen und mit Salz und Pfeffer würzen. Dann etwas Öl in eine Grillpfanne sprühen und die Pattys auf jeder Seite einige Minuten braten, bis sie je nach Wunsch medium oder durchgebraten sind.

Die Burgerbrötchen toasten.

Tomaten, Gurken und Zwiebeln in Scheiben schneiden. Den Salat in mundgerechte Stücke zerteilen.

Die Burgerbrötchen mit Dressing, Salat, Tomaten, Gurke, Fleisch und Zwiebel füllen. Dazu die Bohnen-Fritten servieren. Das restliche Dressing dient als Dip für die Bohnen-Fritten.

SO IST DIE ESSKISTE GEFÜLLT:

HANDVOLL NR. 1 UND HANDVOLL NR. 2*: *Bohnen, Tomate, Gurke, Salat, Zwiebel*

HANDVOLL NR. 3: *Rinderhackfleisch*

HANDVOLL NR. 4: *Burgerbrötchen**

FETT: *Mayonnaise, Öl*

MILCHPRODUKT: *Crème fraîche*

GEWÜRZE: *Ketchup, Paprikapulver, Salz, Pfeffer*

Das Rezept wurde auf der Basis des Esskistenmodells für Erwachsene entwickelt. Die Aufteilung für Erwachsene, Kinder und Jugendliche ist hier identisch.

* Beachten Sie, dass die verwendete Menge Stärke und Obst einer bis eineinhalb Handvoll Nr. 4 für eine durchschnittliche Frau entspricht. Ein Mann hat größere Hände und kann daher ein ganzes Burgerbrötchen als eine Handvoll Nr. 4 rechnen.

1 Portion enthält 583 kcal · Protein: 39 g · Kohlenhydrate: 58 g · Ballaststoffe: 9 g · Fett: 19 g

TIPP
Mit Jalapeños oder Chilisoße werden die Burger noch würziger.

TIPP
Würzen Sie die Bohnen-Fritten mit Pommes-frites-Gewürz.

INFO

Pommes-frites-Gewürz besteht normalerweise aus Paprika, Zwiebelpulver, Selleriesalz, Salz und Zucker – Sie können es auch selbst herstellen.

Fischstäbchen mit Pommes frites

ZUBEREITUNGSZEIT: *40 Minuten*
MENGE FÜR: *4 Personen*

POMMES:
600 g Backkartoffeln mit Schale
400 g Süßkartoffeln
2 EL Öl
Pommes-frites-Gewürz

FISCHSTÄBCHEN:
600 g weißer Fisch, zum Beispiel Kabeljau
1 TL grobes Salz
1 Eiweiß
50 g Panko (japanisches Paniermehl)
1 EL Öl

AIOLISOSSE:
30 g Aioli
4 EL Crème fraîche (höchstens 9 % Fett)

AUSSERDEM:
1 rote Paprikaschote
1 Zitrone
75 g Remoulade

Die Back- und die Süßkartoffeln abbürsten und in Spalten schneiden. Das Öl und das Pommes-frites-Gewürz mit den Kartoffelspalten in einen Beutel geben und schütteln. Dann die Kartoffelspalten 25–35 Minuten bei 200 °C im Ofen backen, bis sie weich sind.

Den Fisch quer zur Faser in 2 cm breite Streifen schneiden. Leicht salzen und 5 Minuten ruhen lassen. Die Fischstreifen in Eiweiß und Paniermehl wenden. Die Panade gut festdrücken. Ein Backblech mit Backpapier auslegen und die Fischstücke daraufgeben.

Die Fischstäbchen 15–20 Minuten bei 200 °C im Ofen backen, bis sie knusprig und durchgebacken sind.

Die Aioli und die Crème fraîche zu einem Dressing verrühren.

Die Paprikaschote in Streifen und die Zitrone in Achtel schneiden.

Die Fischstäbchen zusammen mit den Zitronenachteln, den Pommes frites, der Remoulade, den Paprikastreifen und der Aiolisoße servieren.

TIPP Sie können natürlich anstelle von Panko auch normales Paniermehl verwenden.

TIPP Anstatt mit Fisch kann dieses Gericht auch mit Hähnchenfilet zubereitet werden.

SO IST DIE ESSKISTE GEFÜLLT:

HANDVOLL NR. 1 UND HANDVOLL NR. 2*: *Süßkartoffel, Paprika*

HANDVOLL NR. 3: *Weißer Fisch, Eiweiß*

HANDVOLL NR. 4: *Kartoffel, Paniermehl*

FETT: *Öl, Aioli, Remoulade*

MILCHPRODUKT: *Crème fraîche*

GEWÜRZE: *Pommes-frites-Gewürz, Salz, Zitrone*

Das Rezept wurde auf der Basis des Esskistenmodells für Erwachsene entwickelt. Die Aufteilung für Erwachsene, Kinder und Jugendliche ist hier identisch.

1 Portion enthält 598 kcal · Protein: 37 g · Kohlenhydrate: 54 g · Ballaststoffe: 7 g · Fett: 24 g

Wokgemüse mit Pulled Turkey

ZUBEREITUNGSZEIT: *30 Minuten*
MENGE FÜR: *4 Personen*

400 g Pulled Turkey
200 g Vollkornnudeln
1 EL Öl
1 Bund Frühlingszwiebeln
200 g grüner Spargel
200 g Zuckererbsen
250 g Tiefkühl-Edamame, geschält
2 TL Sesamöl
2 EL süße Chilisoße
100 g Mais
2 EL Sesamsamen

ALS GARNITUR:

Brunnenkresse

Den Pulled Turkey nach Packungsanweisung zubereiten und den Fond aufheben. Das Fleisch in kleine Stücke zerteilen.

Die Nudeln ein paar Minuten in leicht gesalzenem Wasser kochen und abgießen.

Das Öl im Wok erhitzen. Die Frühlingszwiebeln, den Spargel und die Zuckererbsen klein schneiden und kurz in Öl anschwitzen.

Die Edamame, das Sesamöl, die Chilisoße und den Mais hinzufügen. Alles verrühren, dann das Fleisch, den Fond und die Nudeln zugeben.

Die Sesamsamen in einer Pfanne ohne Fett rösten und vor dem Servieren über das Gericht streuen. Nach Belieben mit Brunnenkresse garnieren.

SO IST DIE ESSKISTE GEFÜLLT:

HANDVOLL NR. 1 UND HANDVOLL NR. 2*: *Frühlingszwiebel, Spargel, Zuckererbsen*

HANDVOLL NR. 3: *Putenfleisch, Edamame*

HANDVOLL NR. 4: *Nudeln, Mais*

FETT: *Öl, Sesamöl, Sesamsamen*

GEWÜRZE: *Chilisoße*

Das Rezept wurde auf der Basis des Esskistenmodells für Erwachsene entwickelt. Die Aufteilung für Erwachsene, Kinder und Jugendliche ist hier identisch.

1 Portion enthält 531 kcal · Protein: 36 g · Kohlenhydrate: 55 g · Ballaststoffe: 7 g · Fett: 17 g

TIPP
Geben Sie Kokosmilch und nach Belieben Sojasoße hinzu.

TIPP
Die Beilagen können um verschiedene Obst- und Gemüsesorten sowie Nüsse ergänzt und so variiert werden. Lassen Sie die Kinder die Zutaten mit aussuchen!

Hähnchen mit Reistafel

ZUBEREITUNGSZEIT: *45 Minuten*
MENGE FÜR: *4 Personen*

HÄHNCHENGERICHT:
500 Hähnchenbrustfilet
1 TL Öl
1 EL Currypulver
1 Zwiebel
300 ml Magermilch
2 EL Maisstärke
Salz und Pfeffer

AUSSERDEM:
160 g Vollkornreis
1 rote Paprikaschote
1 Vespergurke
200 g Ananas
150 g grüne Erbsen
20 g Kokosflocken
40 g Rosinen
50 g Erdnüsse

ALS GARNITUR:
Koriandergrün

Das Hähnchenfleisch in Würfel schneiden.

Das Öl erhitzen und das Currypulver hinzufügen. Die Zwiebel würfeln und anschwitzen, bis sie glasig ist. Das Fleisch hinzugeben und anbräunen, dann die Milch dazugießen. Etwa 10 Minuten kochen lassen, bis das Hähnchenfleisch weich ist. Die Maisstärke in wenig kaltem Wasser anrühren und die Soße damit binden. Mit Salz und Pfeffer abschmecken.

Den Reis nach Anweisung zubereiten.

Die Paprikaschote, die Gurke und die Ananas in Würfel schneiden und in kleinen Schüsseln anrichten.

Die Erbsen, die Kokosflocken, die Rosinen und die Erdnüsse ebenfalls getrennt in Schüsselchen anrichten.

Das Hähnchengericht mit gekochtem Reis und den Schüsselchen mit den Beilagen servieren und nach Belieben mit dem Koriandergrün garnieren.

SO IST DIE ESSKISTE GEFÜLLT:

HANDVOLL NR. 1 UND HANDVOLL NR. 2*: *Zwiebel, Paprika, Gurke, Erbsen*

HANDVOLL NR. 3: *Hähnchen*

HANDVOLL NR. 4: *Reis, Ananas*, Rosinen**

FETT: *Öl, Kokos, Erdnüsse*

MILCHPRODUKT: *Milch*

GEWÜRZE: *Currypulver, Maisstärke, Salz, Pfeffer, Koriandergrün*

Das Rezept wurde auf der Basis des Esskistenmodells für Erwachsene entwickelt.

Beachten Sie, dass die verwendete Menge Stärke und Obst eineinhalb Handvoll Nr. 4 für eine durchschnittliche Frau entspricht.

* Ananas und Rosinen werden bei Kindern und Jugendlichen zu Handvoll Nr. 1 und Handvoll Nr. 2* gerechnet, bei Erwachsenen jedoch zu Handvoll Nr. 4.

1 Portion enthält 581 kcal · Protein: 42 g · Kohlenhydrate: 60 g · Ballaststoffe: 8 g · Fett: 17 g

Lachs in Honigmarinade

ZUBEREITUNGSZEIT: *30 Minuten*
MENGE FÜR: *4 Personen*

LACHS:
600 g Lachs
Salz

MARINADE:
2 EL flüssiger Honig
2 EL Sojasoße
2 EL Limettensaft
1 EL Öl
1 rote Zwiebel
1 große Zehe Knoblauch

AUSSERDEM:
200 g Nudeln
400 g Zuckererbsen
25 g Aioli mit Chili
150 g gemischter grüner Salat

ALS GARNITUR:
Limette und glatte Petersilie

Den Lachs in eine ofenfeste Form geben und mit etwas Salz bestreuen.

Den Honig, die Sojasoße, den Limettensaft und das Öl miteinander verrühren. Die Zwiebel und den Knoblauch fein hacken und in die Marinade geben.

Die Marinade mit dem Pinsel auf dem Lachs verteilen und ihn etwa 15 Minuten bei 225 °C im Ofen backen, bis er gar ist. Dabei mehrmals mit Marinade beträufeln.

Die Nudeln in leicht gesalzenem Wasser kochen.

Die Zuckererbsen entweder ein paar Minuten mitdämpfen oder roh verwenden.

Den Lachs zusammen mit den Nudeln, den Zuckererbsen, der Aioli und dem Salat servieren. Nach Belieben mit Limettenscheiben und Petersilie garnieren.

SO IST DIE ESSKISTE GEFÜLLT:

HANDVOLL NR. 1 UND HANDVOLL NR. 2*: *Zwiebeln, Zuckererbsen, Salat*

HANDVOLL NR. 3: *Lachs*

HANDVOLL NR. 4: *Nudeln*

FETT: *Öl, Aioli*

GEWÜRZE: *Salz, Honig, Sojasoße, Limettensaft, Knoblauch, glatte Petersilie*

Das Rezept wurde auf der Basis des Esskistenmodells für Erwachsene entwickelt. Die Aufteilung für Erwachsene, Kinder und Jugendliche ist hier identisch.

TIPP Sie können anstelle von Aioli auch Pesto oder Butter verwenden.

1 Portion enthält 622 kcal · Protein: 41 g · Kohlenhydrate: 55 g · Ballaststoffe: 5 g · Fett: 25 g

TIPP
Servieren Sie dazu Karottensticks oder anderes rohes Gemüse.

TIPP
Kochen Sie die Bratwurst vor dem Braten in der Pfanne.

TIPP
Sie können die Aprikosen im Salat durch Cranberrys oder Rosinen ersetzen.

Bratwurst mit Spitzkohlsalat

ZUBEREITUNGSZEIT: *30 Minuten*
MENGE FÜR: *4 Personen*

BRATWURST:
10 g Butter
600 g Bratwurst (höchstens 10 % Fett)

DRESSING:
120 g Crème fraîche (höchstens 9 % Fett)
100 g Joghurt
100 g Fetawürfel (höchstens 17 % Fett absolut)
1 TL Zucker
1 TL Zitronensaft

SPITZKOHLSALAT:
400 g neue Kartoffeln
½ TL Salz
50 g Mandeln
1 kleiner Spitzkohl
50 g getrocknete Aprikosen
100 g grüne Erbsen

Die Butter in der Pfanne schmelzen und die Bratwurst bei gleichmäßiger Hitze braten. Mehrmals wenden, damit sie gut durchgebraten ist.

Die Crème fraîche und den Joghurt miteinander verrühren. Den Fetakäse hinzugeben und zerdrücken, das Dressing mit Zucker und Zitronensaft abschmecken.

Die Kartoffeln in leicht gesalzenem Wasser weich kochen.

Die Mandeln grob hacken und in einer Pfanne ohne Fett anrösten.

Den Kohl in feine Scheiben und die Aprikosen in kleine Würfel schneiden. Den Kohl, die Aprikosen und die Erbsen im Dressing wenden und den Salat mit den gehackten Mandeln garnieren.

SO IST DIE ESSKISTE GEFÜLLT:

HANDVOLL NR. 1 UND HANDVOLL NR. 2*: *Spitzkohl, Erbsen*

HANDVOLL NR. 3: *Bratwurst, Fetakäse*

HANDVOLL NR. 4: *Kartoffel, Aprikose**

FETT: *Butter, Mandeln*

MILCHPRODUKTE: *Joghurt, Crème fraîche*

GEWÜRZE: *Zucker, Zitronensaft, Salz*

Das Rezept wurde auf der Basis des Esskistenmodells für Erwachsene entwickelt.

* Aprikosen werden bei Kindern und Jugendlichen zu Handvoll Nr. 1 und Handvoll Nr. 2* gerechnet, bei Erwachsenen jedoch zu Handvoll Nr. 4.

1 Portion enthält 573 kcal · Protein: 36 g · Kohlenhydrate: 43 g · Ballaststoffe: 8 g · Fett: 27 g

Gefülltes Pitabrot

ZUBEREITUNGSZEIT: *15 Minuten*
MENGE FÜR: *4 Personen*

6 kleine Vollkornpitabrote
150 g gemischter Salat
100 g Salatgurke
3 Tomaten
1 rote Zwiebel
150 g Hähnchenfleisch
150 g geräucherter Schinken
60 g Crème-fraîche-Dressing
50 g rotes Pesto

Die Pitabrote von beiden Seiten toasten und dann halbieren.

Den gemischten Salat in einer Schüssel anrichten. Die Gurke, die Tomaten und die Zwiebel in Scheiben schneiden, das Hähnchen und den Schinken würfeln. Alles zusammen mit Dressing und Pesto servieren, so kann sich jeder sein eigenes Pitabrot füllen.

SO IST DIE ESSKISTE GEFÜLLT:

HANDVOLL NR. 1 UND HANDVOLL NR. 2*: *Salat, Gurke, Tomate, Zwiebel*

HANDVOLL NR. 3: *Hähnchen, Schinken*

HANDVOLL NR. 4: *Pitabrot*

FETT: *Crème-fraîche-Dressing, Pesto*

Das Rezept wurde auf der Basis des Esskistenmodells für Erwachsene entwickelt. Die Aufteilung für Erwachsene, Kinder und Jugendliche ist hier identisch.

1 Portion enthält 555 kcal · Protein: 27 g · Kohlenhydrate: 58 g · Ballaststoffe: 5 g · Fett: 22 g

TIPP

Kaufen Sie etwas mehr ein, das Sie für die Lunchpakete am nächsten Tag nutzen können.

TIPP
Verwenden Sie Spinat- oder Spitzkohlblätter als zusätzliche „Lasagneplatten“.

Lasagne

ZUBEREITUNGSZEIT: *80 Minuten*
MENGE FÜR: *4 Personen*

BÉCHAMELSOSSE:
20 g Butter
2 EL Weizenmehl
300 ml Magermilch
Salz
geriebene Muskatnuss

AUSSERDEM:
Hackfleischsoße, siehe Rezept auf Seite 220
6–8 getrocknete Vollkornlasagneplatten
50 g geriebener Mozzarella
200 g gemischter Salat

Die Butter in einem Topf langsam schmelzen lassen. Das Mehl einrühren und die Milch nach und nach unter kräftigem Schlagen zugeben. Die Soße aufkochen und mit Salz und geriebener Muskatnuss abschmecken.

Ein Drittel der Soße in eine ofenfeste Form geben. Mit drei Lasagneplatten bedecken, darüber Hackfleischsoße und noch eine Schicht Lasagneplatten. Mit Hackfleischsoße, Béchamelsoße und geriebenem Mozzarella abschließen. Die Lasagne etwa 50 Minuten bei 200 °C im Ofen backen.

Die Lasagne zusammen mit gemischtem Salat servieren.

SO IST DIE ESSKISTE GEFÜLLT:

HANDVOLL NR. 1 UND HANDVOLL NR. 2*: *Tomate, Zwiebel, Salat*

HANDVOLL NR. 3: *Rinderhackfleisch*

HANDVOLL NR. 4: *Lasagneplatten*, Mehl*

FETT: *Butter, Öl, Mozzarella*

MILCHPRODUKT: *Milch*

GEWÜRZE: *Salz, Muskatnuss, Knoblauch, Tomatenmark, Oregano*

Das Rezept wurde auf der Basis des Esskistenmodells für Erwachsene entwickelt. Die Aufteilung für Erwachsene, Kinder und Jugendliche ist hier identisch.

* Beachten Sie, dass die verwendete Menge Stärke und Obst einer bis eineinhalb Handvoll Nr. 4 für eine durchschnittliche Frau entspricht.

1 Portion enthält 586 kcal · Protein: 43 g · Kohlenhydrate: 43 g · Ballaststoffe: 6 g · Fett: 26 g

Würstchen mit grünem Kartoffelsalat

ZUBEREITUNGSZEIT: *35 Minuten*
MENGE FÜR: *4 Personen*

WÜRSTCHEN:
450–500 g Wiener Würstchen

KARTOFFELSALAT:
500 g gekochte Kartoffeln
100 g Radieschen
2 Vespergurken
200 g grüne Erbsen

DRESSING:
2 EL Rapsöl
2 EL Weißweinessig
½ TL Salz
1 Messerspitze Pfeffer
1 EL Schnittlauchröllchen
1 EL Petersilie, gehackt
1 EL Dillspitzen, gehackt

AUSSERDEM:
2 EL Pinienkerne
2 EL Senf
4 EL Ketchup

ALS GARNITUR:
Erbsensprossen oder Petersilie

Die Würstchen in einer Grillpfanne braten.

Die Kartoffeln in mundgerechte Stücke schneiden. Die Radieschen und die Gurken in Scheiben schneiden und mit den Kartoffeln und den Erbsen in einer Schüssel mischen.

Ein Dressing aus Öl, Essig, Salz, Pfeffer, Schnittlauch, Petersilie und Dill zubereiten und über den Kartoffelsalat gießen. Das Dressing unterheben und den Salat mischen.

Die Pinienkerne in einer Pfanne ohne Fett rösten und über den Salat streuen, dann mit Erbsensprossen oder Petersilie garnieren.

Die gegrillten Würstchen mit Kartoffelsalat, Senf und Ketchup servieren.

SO IST DIE ESSKISTE GEFÜLLT:

HANDVOLL NR. 1 UND HANDVOLL NR. 2*: *Radieschen, Gurke, Erbsen*

HANDVOLL NR. 3: *Würstchen*

HANDVOLL NR. 4: *Kartoffel*

FETT: *Öl, Pinienkerne*

GEWÜRZE: *Weißweinessig, Salz, Pfeffer, Schnittlauch, Petersilie, Dill, Senf, Ketchup, nach Belieben Erbsensprossen oder Petersilie*

Das Rezept wurde auf der Basis des Esskistenmodells für Erwachsene entwickelt. Die Aufteilung für Erwachsene, Kinder und Jugendliche ist hier identisch.

1 Portion enthält 570 kcal · Protein: 22 g · Kohlenhydrate: 33 g · Ballaststoffe: 7 g · Fett: 37 g

TIPP
Anstelle der Kartoffeln können Sie für den Salat auch gekochte Nudeln, Bulgur oder Couscous verwenden.

TIPP

Kaufen Sie tiefgekühlte Hackbällchen, oder verwenden Sie das Klößchenrezept von Seite 218.

Kartoffel-Lauch-Suppe

ZUBEREITUNGSZEIT: *45 Minuten*
MENGE FÜR: *4 Personen*

SUPPE:
400 g Backkartoffeln
400 g Lauch
1–2 große Zehen Knoblauch
3 Brühwürfel
800 ml Wasser
4 EL Sahne
Salz und Pfeffer

FÜLLUNG:
400 g Tiefkühl-Hackbällchen
200 g Edamame

GRATINIERTES KÄSEBROT:
3 Scheiben Vollkornbaguette
60 g Käse, 45 % Fett i. Tr., gerieben

ALS GARNITUR:
Brunnenkresse oder Schnittlauch

Die Kartoffeln abbürsten und in Würfel schneiden. Den Lauch säubern und in Ringe schneiden. Die Knoblauchzehen in kleine Würfel schneiden. Die Kartoffeln, den Lauch und den Knoblauch in der Brühe weich kochen. Die Suppe pürieren, die Sahne hinzugeben und mit Salz und Pfeffer abschmecken.

Die Hackbällchen und die Edamame in leicht gesalzenem Wasser erhitzen.

Die Brotscheiben halbieren, mit Käse bestreuen und ein paar Minuten im heißen Ofen gratinieren, bis der Käse goldbraun geschmolzen ist.

Die Suppe mit den Hackbällchen, den Edamame sowie den gratinierten Käsebroten servieren.

SO IST DIE ESSKISTE GEFÜLLT:

HANDVOLL NR. 1 UND HANDVOLL NR. 2*: *Lauch*

HANDVOLL NR. 3: *Hackbällchen, Edamame*

HANDVOLL NR. 4: *Kartoffel, Baguette*

FETT: *Sahne, fetter Käse*

GEWÜRZE: *Knoblauch, Brühwürfel, Salz, Pfeffer, Brunnenkresse oder Schnittlauch*

Das Rezept wurde auf der Basis des Esskistenmodells für Erwachsene entwickelt. Die Aufteilung für Erwachsene, Kinder und Jugendliche ist hier identisch.

TIPP Geben Sie vor dem Pürieren nach Belieben 2 TL Thymian zur Suppe.

1 Portion enthält 581 kcal · Protein: 28 g · Kohlenhydrate: 56 g · Ballaststoffe: 8 g · Fett: 25 g

Pizza mit Ei

ZUBEREITUNGSZEIT: *20 Minuten*
MENGE FÜR: *4 Personen*

1 Packung Pizzateig, 280 g
80–100 g Pizzasoße
200 g Pizzakäse (mindestens 18 % Fett absolut)
1 EL Weizenmehl
6 Ringe grüne Paprika
4 Eier
4 Scheiben leicht gebratener Bacon
300 g fertig zubereitetes Hähnchen in Würfeln

SALAT:

200 g gemischter Salat
4 EL Crème fraîche (höchstens 9 % Fett)
1 EL Schnittlauch

ALS GARNITUR:

Basilikumblätter

Den Backofen auf höchster Stufe vorheizen und 2 Backbleche im Ofen gut heiß werden lassen.

Den Pizzateig in 2 Hälften teilen und jeweils sehr dünn ausrollen. Mit Pizzasoße bestreichen und mit Käse belegen.

Die heißen Backbleche aus dem Backofen nehmen und leicht mit Mehl bestäuben.

Die vorbereiteten Pizzen schnell darauflegen, mit den Paprikaringen belegen und in vier der Ringe jeweils ein rohes Ei geben. Die Baconscheiben und die Hähnchenfleischwürfel auf den Pizzen verteilen und sofort zum Backen in den Ofen schieben.

Die Pizzen 7–12 Minuten mit Heißluft backen, bis die Eier fest geworden sind und der Käse geschmolzen ist.

Den Salat mit Crème fraîche und Schnittlauch anrichten. Die Pizza nach Belieben mit Basilikumblättern garnieren.

SO IST DIE ESSKISTE GEFÜLLT:

HANDVOLL NR. 1 UND HANDVOLL NR. 2*: *Pizzasoße, Paprika, Salat*

HANDVOLL NR. 3: *Ei, Hähnchen, Bacon*

HANDVOLL NR. 4: *Pizzateig*, Mehl*

FETT: *Käse*

MILCHPRODUKT: *Crème fraîche*

GEWÜRZE: *Schnittlauch, Basilikumblätter*

Das Rezept wurde auf der Basis des Esskistenmodells für Erwachsene entwickelt. Die Aufteilung für Erwachsene, Kinder und Jugendliche ist hier identisch.

* Beachten Sie, dass die verwendete Menge Stärke und Obst eineinhalb Handvoll Nr. 4 für eine durchschnittliche Frau entspricht.

1 Portion enthält 582 kcal · Protein: 39 g · Kohlenhydrate: 40 g · Ballaststoffe: 5 g · Fett: 28 g

TIPP
Falls Ihr Ofen keine Heißluftfunktion hat, backen Sie die Pizzen nacheinander.

TIPP
Geben Sie Salat und Dressing auf die Pizzastücke.

TIPP
Verwenden Sie anstelle des Schnittlauchs das Grün von Frühlingszwiebeln.

Flammkuchen

ZUBEREITUNGSZEIT: *20 Minuten*
MENGE FÜR: *4 Personen*

1 Packung Pizzateig, 280 g
200 g Crème fraîche (18 % Fett)
1 EL Weizenmehl
8 Scheiben leicht gebratener Bacon
2 rote Zwiebeln, in Ringe geschnitten
6 Frühlingszwiebeln
100 g Fetawürfel (höchstens 17 % Fett absolut)
4 EL Schnittlauch

SALAT:

300 g gemischter Salat
200 g Cocktailtomaten
200 g Fetawürfel (höchstens 17 % Fett absolut)

SO IST DIE ESSKISTE GEFÜLLT:

HANDVOLL NR. 1 UND HANDVOLL NR. 2*: *Rote Zwiebel, Frühlingszwiebel, Salat, Tomate*

HANDVOLL NR. 3: *Bacon, Feta*

HANDVOLL NR. 4: *Pizzateig*, Mehl*

FETT: *Crème fraîche*

GEWÜRZE: *Schnittlauch*

Das Rezept wurde auf der Basis des Esskistenmodells für Erwachsene entwickelt. Die Aufteilung für Erwachsene, Kinder und Jugendliche ist hier identisch.

* Beachten Sie, dass die verwendete Menge Stärke und Obst einer bis eineinhalb Handvoll Nr. 4 für eine durchschnittliche Frau entspricht.

Den Backofen auf höchster Stufe vorheizen. 2 Backbleche im Ofen gut heiß werden lassen.

Den Pizzateig in 2 Hälften teilen und jeweils sehr dünn ausrollen. Mit Crème fraîche bestreichen.

Die heißen Backbleche aus dem Backofen nehmen und leicht mit Mehl bestäuben.

Die vorbereiteten Teigböden schnell darauflegen, die Baconscheiben, die Zwiebelringe und die Frühlingszwiebeln darauf verteilen. Diese sofort zum Backen in den Ofen schieben.

Die Flammkuchen etwa 8–12 Minuten mit Heißluft backen, bis der Boden durchgebacken und goldbraun ist.

Die Fetawürfel auf den Flammkuchen verteilen und vor dem Servieren mit Schnittlauch garnieren.

Den Salat mit den Cocktailtomaten und den Fetawürfeln anrichten.

TIPP Falls Ihr Ofen keine Heißluftfunktion hat, backen Sie die Flammkuchen nacheinander.

1 Portion enthält 494 kcal · Protein: 32 g · Kohlenhydrate: 42 g · Ballaststoffe: 3 g · Fett: 21 g

Sushi

ZUBEREITUNGSZEIT: *10 Minuten*
MENGE FÜR: *4 Personen*

300 g grüner Spargel
200 g Tiefkühl-Edamame, geschält
40 Stück Sushi (1 kg)
100 ml Sojasoße
½ Glas Ingwer, eingelegt
20 g Wasabipaste
300 g Krabben

Die holzigen Enden der Spargelstangen abtrennen, die Stangen dann 1–2 Minuten in kochendem Wasser blanchieren. Herausnehmen und abkühlen lassen.

Die Edamame auftauen.

Die Sushis zusammen mit Sojasoße, Ingwer, Wasabi, Krabben, Spargel und Edamame servieren.

TIPP Wenn Sie Essstäbchen verwenden, dann essen Sie in der Regel automatisch langsamer und genussvoller. Außerdem ist es eine wunderbare motorische Übung.

SO IST DIE ESSKISTE GEFÜLLT:

HANDVOLL NR. 1 UND HANDVOLL NR. 2*: *Spargel, Algen (im Sushi)*

HANDVOLL NR. 3: *Edamame, Fisch (im Sushi)*, Krabben*

HANDVOLL NR. 4: *Reis (im Sushi)**

FETT: *aus dem Sushi**

GEWÜRZE: *Sojasoße, Ingwer, Wasabipaste*

Das Rezept füllt in dieser Zusammensetzung eine ganze Esskiste. Die Aufteilung für Erwachsene, Kinder und Jugendliche ist hier identisch.

* Beachten Sie, dass die verwendete Menge Stärke und Obst eineinhalb bis zwei Handvoll Nr. 4 für eine durchschnittliche Frau entspricht.

1 Portion enthält 573 kcal · Protein: 37 g · Kohlenhydrate: 83 g · Ballaststoffe: 6 g · Fett: 8 g

Kuchen und Gebäck

TIPP

Garnieren Sie mit tiefgekühlten Himbeeren oder Kokosraspeln.

Müslischnitten mit Schokolade

ZUBEREITUNGSZEIT: *25 Minuten*
MENGE FÜR: *20 Stück*
HINWEIS: *Zum Aufbewahren in eine luftdichte Keksdose oder Tüte geben, dann halten sich die Schnitten vier bis fünf Tage.*

70 g Butter
35 g Mandeln
110 g flüssiger Honig
200 g Haferflocken
100 ml Sonnenblumenöl
1 Ei

AUSSERDEM:
50 g dunkle Schokolade (mindestens 70 % Kakaoanteil)

KINDER: *Eine solche Müslischnitte kann als Zwischenmahlzeit verwendet werden.*

ERWACHSENE: *Genießen Sie eine Müslischnitte als Nascherei innerhalb einer abwechslungsreichen Ernährung. Sie können das „ausgleichen", indem Sie im Laufe des Tages eine Handvoll Nr. 4 einsparen.*

Die Butter weich werden lassen, eventuell in der Mikrowelle. Die Mandeln grob hacken und alle Zutaten in einer Schüssel verkneten.

Eine Tarteform mit Backpapier auslegen, den Teig kreisförmig hineindrücken, dabei etwa 1 cm Abstand zum Rand der Form halten. 15–18 Minuten bei 180 °C backen und abkühlen lassen.

Die Schokolade schmelzen und auf dem abgekühlten Müslikuchen verteilen.

Den Müslikuchen in 20 Stücke zerteilen.

1 Müslischnitte enthält
123 kcal · Protein: 3 g · Kohlenhydrate: 12 g · Ballaststoffe: 1 g · Fett: 7 g

Müsliriegel

ZUBEREITUNGSZEIT: *25 Minuten*
MENGE FÜR: *18 Stück*
HINWEIS: *Bewahren Sie die Riegel in einer geschlossenen Keksdose oder in einer Tüte auf. Dann halten sie sich vier bis fünf Tage*

100 g Roggenbrot
180 g getrocknete Datteln
50 g flüssiger Honig
50 g Mandeln
50 g Kürbiskerne
50 g Cranberrys
120 g grobe Haferflocken
40 g Cornflakes

Aus Roggenbrot, Datteln und Honig eine homogene, klebrige Masse herstellen. Die Mandeln grob hacken.

Die Dattel-Brot-Honig-Mischung, die Mandeln, die Kürbiskerne, die Cranberrys und die Haferflocken zu einem Teig verkneten. Zuletzt die Cornflakes zur Mischung geben.

Die Masse auf einem gefetteten Backblech verteilen. Die Hände leicht anfeuchten und die Masse zu einem Rechteck von etwa 20 × 25 cm mit möglichst geraden Kanten zusammendrücken.

Die Masse 23–26 Minuten bei 150 °C backen. 10 Minuten abkühlen lassen, dann auf ein Schneidbrett geben und in 18 gleich große Riegel schneiden.

Vollständig abkühlen lassen und in einer luftdichten Dose aufbewahren.

KINDER: *Ein Müsliriegel kann als Zwischenmahlzeit gegessen werden.*

ERWACHSENE: *Genießen Sie einen Müsliriegel als Nascherei im Rahmen einer abwechslungsreichen Ernährung. Sie können das „ausgleichen", indem Sie im Laufe des Tages eine Handvoll Nr. 4 einsparen.*

1 Müsliriegel enthält
125 kcal · Protein: 3 g · Kohlenhydrate: 20 g · Ballaststoffe: 2 g · Fett: 3 g

Pausenbrot

ZUBEREITUNGSZEIT: *120 Minuten*
MENGE FÜR: *20 Scheiben*

TEIG:
25 g Hefe
550 ml Wasser
450 g Roggenbrotmischung
125 g Hartweizenmehl
½ TL Salz
50 g Schokolade (mindestens 70 % Kakaoanteil)

ALS GARNITUR:
Blaumohn

Die Hefe in handwarmem Wasser auflösen. Die Roggenbrotmischung, das Hartweizenmehl und das Salz dazugeben und gut verrühren – am besten 10 Minuten mit der Küchenmaschine. Dann die Schokolade grob hacken und unter den Teig heben.

Den Teig in eine leicht eingefettete oder mit Backpapier ausgelegte Backform oder aber in eine geeignete ofenfeste Form von etwa 25 × 35 cm Größe geben.

Mit einem sauberen Geschirrtuch bedecken und 60 Minuten bei Zimmertemperatur gehen lassen.

Den Teig mit einem scharfen Messer einritzen. Mit etwas Wasser bestreichen und mit Mohn bestreuen.

Auf der untersten Schiene bei 180 °C im heißen Ofen backen. Die Backzeit beträgt etwa 45–50 Minuten. Leicht abkühlen lassen und vorsichtig aus der Form lösen. Der fertige Laib soll später 20 Scheiben Brot ergeben.

KINDER: *Eine Scheibe Pausenbrot kann als Zwischenmahlzeit gegessen werden.*

ERWACHSENE: *Eine Scheibe Pausenbrot entspricht einer Handvoll Nr. 4 für eine durchschnittliche Frau und einer kleinen Handvoll Nr. 4 für einen Mann.*

1 Scheibe Pausenbrot enthält
123 kcal · Protein: 4 g · Kohlenhydrate: 20 g · Ballaststoffe: 3 g · Fett: 2 g

Saatenbrötchen

ZUBEREITUNGSZEIT: *80 Minuten*
MENGE FÜR: *40 kleine Brötchen*

TEIG:
65 g Sonnenblumenkerne
65 g Kürbiskerne
65 g Leinsamen
300 ml Wasser
500 ml Magermilch
50 g Hefe
50 ml Öl
2 TL Salz
1 EL Zucker
450 g Weizenmehl
400 g weißes Weizenmehl

ALS GARNITUR:
1 Eiweiß
2 EL Kürbiskerne
2 EL Sesamsamen
2 EL Leinsamen

Die Kerne und die Samen 2–3 Minuten im Wasser kochen. Zum Abkühlen die Milch hinzugeben und die Hefe einrühren, wenn die Mischung nur noch handwarm ist. Das Öl einrühren.

Nun das Salz, den Zucker und das Mehl bis auf eine kleine Menge hinzufügen. Den Teig mehrere Minuten gut kneten – am besten mit der Küchenmaschine. Der Teig muss etwas klebrig sein.

Den Teig etwa 20 Minuten gehen lassen, dann daraus 40 kleine längliche oder runde Brötchen formen. Falls der Teig zu sehr klebt, die Hände etwas anfeuchten.

Die geformten Brötchen weitere 30 Minuten gehen lassen. Mit Eiweiß bestreichen und mit Kernen oder Saaten bestreuen.

Die Brötchen 11–15 Minuten bei 225 °C backen. Darauf achten, dass sie nicht zu dunkel werden!

KINDER: *Ein Saatenbrötchen kann als Zwischenmahlzeit gegessen werden.*

ERWACHSENE: *Ein Saatenbrötchen entspricht einer Handvoll Nr. 4 für eine durchschnittliche Frau und einer kleinen Handvoll Nr. 4 für einen Mann.*

1 kleines Brötchen enthält
122 kcal · Protein: 4 g · Kohlenhydrate: 16 g · Ballaststoffe: 2 g · Fett: 4 g

TIPP
Sie können aus der Teigmenge auch 20 große Brötchen backen, dann muss allerdings die Backzeit etwas verlängert werden.

TIPP

Verwenden Sie diesen Teig für die Würstchen im Teigmantel auf Seite 272 und die Piroggen auf Seite 278.

Pizzabrötchen

ZUBEREITUNGSZEIT: *60 Minuten*
MENGE FÜR: *14 Stück*

TEIG:
15 g Hefe
300 ml Wasser
150 g Weizenmehl
250 g weißes Weizenmehl
1 Messerspitze Salz
1 EL Öl

AUSSERDEM:
80 g Pizzasoße
80 g Mozzarella (mindestens 18 % Fett absolut), gerieben
1 EL Oregano
½ Handvoll frischer Thymian

Die Hefe in handwarmem Wasser auflösen. Das Mehl und das Salz mischen und nach und nach zusammen mit dem Öl in den Hefeansatz rühren. Den Teig gut kneten, dann mit einem sauberen Geschirrtuch bedecken und 30 Minuten gehen lassen.

Den Teig in 14 Portionen aufteilen und aus diesen entweder runde Brötchen formen oder kleine Minipizzen mit ungefähr 6–7 cm Durchmesser ausrollen.

Die geformten Brötchen oder Minipizzen weitere 20 Minuten gehen lassen. Auf jedes Brötchen oder jede Minipizza 1 TL Pizzasoße und 1 EL geriebenen Käse geben. Mit Oregano, Thymian oder mit anderen Kräutern bestreuen.

13–16 Minuten bei 210 °C backen.

KINDER: *Ein Pizzabrötchen kann als Zwischenmahlzeit gegessen werden.*

ERWACHSENE: *Ein Pizzabrötchen entspricht einer Handvoll Nr. 4 für eine durchschnittliche Frau und einer kleinen Handvoll Nr. 4 für einen Mann.*

TIPP Verwenden Sie als Garnierung eine schwarze Olive.

1 Pizzabrötchen enthält
124 kcal · Protein: 5 g · Kohlenhydrate: 18 g · Ballaststoffe: 3 g · Fett: 3 g

Zimtscones

ZUBEREITUNGSZEIT: *60 Minuten*
MENGE FÜR: *18 Stück*

TEIG:
1 Apfel
1 EL Zitronensaft
2 EL Zucker
2 TL Zimt
60 g Butter
250 g weißes Weizenmehl
2 EL Backpulver
70 g feine Haferflocken
150 g Skyr oder Magerquark
150 ml Milch

AUSSERDEM:
50 g Mehl für die Arbeitsfläche
1 Ei
1 EL Haselnüsse
1 TL Zimt

Den Apfel schälen, in kleine Würfel schneiden und in Zitronensaft wenden. Die Apfelwürfel mit dem Zucker und dem Zimt mischen.

Die Butter schmelzen lassen. Das Mehl und das Backpulver in eine Schüssel sieben. Die Haferflocken, den Skyr und die Milch hinzugeben und den Teig zu einer homogenen Masse verrühren.

Die Apfelwürfel unterheben. Falls der Teig sehr klebrig ist, etwas mehr Mehl hinzugeben. Nicht zu stark kneten.

Die Arbeitsfläche mehlen und darauf den Teig ausrollen, bis er 2 cm dick ist – die Teigplatte dabei mehrmals wenden und die Arbeitsfläche immer wieder mit Mehl bestäuben, damit der Teig nicht festklebt.

18 Scones ausstechen und mit etwas Abstand auf ein mit Backpapier ausgelegtes Backblech legen. Mit Ei bestreichen und mit fein gehackten Haselnüssen und etwas Zimt bestreuen.

20–22 Minuten bei 180 °C backen.

KINDER: *Ein Zimtscone kann als Zwischenmahlzeit gegessen werden.*

ERWACHSENE: *Genießen Sie einen Zimtscone als Nascherei im Rahmen einer abwechslungsreichen Ernährung. Sie können das „ausgleichen", indem Sie im Laufe des Tages eine Handvoll Nr. 4 einsparen.*

1 Zimtscone enthält
124 kcal · Protein: 4 g · Kohlenhydrate: 16 g · Ballaststoffe: 3 g · Fett: 4 g

TIPP

Wenn Sie den Frischkäse durch Tomatenmark und das Basilikum durch getrockneten Oregano ersetzen, bekommen Sie Pizzaschnecken.

Schinkenschnecken

ZUBEREITUNGSZEIT: *120 Minuten*
MENGE FÜR: *20 Stück*

TEIG:
40 g Butter
300 ml Wasser
50 g Hefe
150 g weißes Vollkornmehl
320 g Weizenmehl
1 TL Salz

FÜLLUNG:
70 g Kräuterfrischkäse (höchstens 17 % Fett absolut)
200 g gekochter Schinken
1 Handvoll Basilikum

AUSSERDEM:
1 Ei

Die Butter in einer Kasserolle schmelzen und das Wasser hinzugeben. In eine Schüssel gießen und die Hefe in der handwarmen Mischung auflösen.

Das Mehl und das Salz mischen und nach und nach dazugeben. Den klebrigen Teig 3–4 Minuten kneten – am besten mit der Küchenmaschine. Den Teig 60 Minuten bei Zimmertemperatur gehen lassen.

Den Teig mit Mehl bestäuben und kurz kneten, dann auf ein mit Mehl bestäubtes Stück Backpapier legen und zu einem Rechteck von etwa 50 × 30 cm Größe ausrollen. Den Teig mit einer dünnen Schicht Frischkäse bestreichen, mit Schinken belegen und Basilikum darauf verteilen, dabei oben 3 cm Rand freilassen. Den Teig von der Längsseite her fest aufrollen und die entstandene Teigrolle in 20 ca. 2,5 cm dicke Scheiben schneiden.

Die Scheiben auf einem Backblech verteilen und weitere 30 Minuten gehen lassen. Mit verquirltem Ei bestreichen.

Die Backzeit der Schnecken auf dem Blech beträgt ungefähr 15–20 Minuten bei 200 °C.

KINDER: *Eine Schinkenschnecke kann als Zwischenmahlzeit gegessen werden.*

ERWACHSENE: *Eine Schinkenschnecke entspricht einer halben Handvoll Nr. 4 und einer halben Handvoll Nr. 3 für eine durchschnittliche Frau beziehungsweise einer drittel Handvoll Nr. 4 und einer drittel Handvoll Nr. 3 für einen Mann.*

1 Schinkenschnecke enthält
125 kcal · Protein: 5 g · Kohlenhydrate: 16 g · Ballaststoffe: 2 g · Fett: 4 g

Roggencracker

ZUBEREITUNGSZEIT: *30 Minuten*
MENGE FÜR: *30 Stück*
HINWEIS: *Zwei Cracker entsprechen einer Portion.*

TEIG:
125 g Haferflocken
125 g Roggenmehl
1 TL Backpulver
40 g Zucker
1 Messerspitze Salz
75 g Butter
100 ml kochendes Wasser

Die Haferflocken mit einem Mixer zu feinem Mehl verarbeiten. Alle trockenen Zutaten in einer Schüssel mischen.

Die Butter schmelzen und unter die Mehlmischung rühren.

Nach und nach das kochende Wasser zugeben und das Ganze zu einem Teig verarbeiten, der unbedingt sehr weich sein sollte.

Den Teig zwischen zwei Blättern Backpapier etwa 3 mm dick ausrollen.

Das obere Backpapier abziehen und den Teig in 30 gleich große Stücke schneiden oder ausstechen. Jeden Crackerrohling mit einer Gabel einstechen und ungefähr 12–15 Minuten bei 180 °C backen. Nicht zu dunkel werden lassen.

Die Cracker auf einem Kuchengitter abkühlen lassen und in einer Keksdose oder in einem luftdichten Behälter aufbewahren.

KINDER: *Zwei Roggencracker entsprechen einer Zwischenmahlzeit.*

ERWACHSENE: *Zwei Roggencracker entsprechen einer Handvoll Nr. 4 für eine durchschnittliche Frau. Ein Mann kann drei Roggencracker für eine Handvoll Nr. 4 essen.*

1 Portion (2 Roggencracker) enthält
105 kcal · Protein: 2 g · Kohlenhydrate: 12 g · Ballaststoffe: 2 g · Fett: 5 g

TIPP
Sie können das Öl auch aufsprühen, anstatt es mit dem Pinsel aufzutragen.

Roggenbrotchips

ZUBEREITUNGSZEIT: *35 Minuten*
MENGE FÜR: *16 Portionen*

600 g einen Tag altes Roggenbrot
80 ml Rapsöl
Salzflocken

Das Roggenbrot mit der Aufschnittmaschine oder einem scharfen Messer in 16 möglichst dünne Scheiben schneiden.

Die Scheiben auf beiden Seiten mit etwas Rapsöl bepinseln, mit Salzflocken bestreuen und 20–30 Minuten beziehungsweise bis sie knusprig und gebräunt sind bei 150 °C im Ofen backen.

Sofort essen oder in einem luftdichten Behälter aufbewahren.

KINDER: *Eine Portion Roggenbrotchips entspricht einer Zwischenmahlzeit.*

ERWACHSENE: *Eine Portion Roggenbrotchips entspricht einer Handvoll Nr. 4 und einem halben EL Fett für eine durchschnittliche Frau beziehungsweise einer kleinen Handvoll Nr. 4 und einem halben EL Fett für einen Mann.*

1 Portion enthält
121 kcal · Protein: 2 g · Kohlenhydrate: 15 g · Ballaststoffe: 3 g · Fett: 5 g

Partywürstchen im Teigmantel

ZUBEREITUNGSZEIT: *30 Minuten*
MENGE FÜR: *24 Stück*
HINWEIS: *Wenn Sie den Teig selbst zubereiten wollen, verwenden Sie die Hälfte der Teigmenge für die Pizzabrötchen auf Seite 262.*

2 EL Mehl
400 g fertiger Vollkornpizzateig
80 g Pizzasoße
24 Partywürstchen
1 Eiweiß
3 EL Sesamsamen

Die Arbeitsfläche mit Mehl bestäuben.

Den Teig ausrollen und in 24 Dreiecke schneiden.

Eventuell die einzelnen Dreiecke noch etwas breiter ausrollen.

Auf jedes Dreieck ½ TL Pizzasoße verteilen und 1 Würstchen legen. Den Teig dann aufrollen.

Die Würstchen im Teigmantel auf Backpapier setzen, mit Eiweiß bestreichen und mit Sesamsamen bestreuen.

Die Würstchen etwa 15 Minuten bei 200 °C im heißen Ofen backen, bis sie goldbraun und durchgebacken sind.

KINDER: *Ein Partywürstchen im Teigmantel kann als Zwischenmahlzeit gegessen werden.*

ERWACHSENE: *Ein Partywürstchen im Teigmantel entspricht einer halben Handvoll Nr. 3 und einer halben Handvoll Nr. 4 für eine durchschnittliche Frau beziehungsweise einer drittel Handvoll Nr. 3 und einer drittel Handvoll Nr. 4 für einen Mann.*

TIPP Ersetzen Sie die Partywürstchen durch Wiener Würstchen, die Sie jeweils in drei bis vier Stücke teilen.

1 Partywürstchen im Teigmantel enthält
100 kcal · Protein: 5 g · Kohlenhydrate: 9 g · Ballaststoffe: 1 g · Fett: 5 g

TIPP
Sie können zum Bestreuen ganz nach Geschmack auch Chiasamen, schwarzen Sesam u. Ä. verwenden.

100% homemade
muffins

Süße Muffins

ZUBEREITUNGSZEIT: *30 Minuten*
MENGE FÜR: *18 Stück*

TEIG:
175 g Weizenmehl
75 g Weizenkleie
2 EL Zucker
3 TL Backpulver
75 g Butter
150 ml Magermilch
2 Eier

FÜLLUNG:
100 ml Marmelade

ALS GARNITUR:
30 g Mandelblättchen

Das Mehl, die Kleie, den Zucker und das Backpulver mischen.

Die Butter schmelzen lassen und mit der Milch und den Eiern verrühren. Diese Mischung dann nach und nach unter die Mehlmischung rühren.

Den Teig am besten mit einem Löffel auf die 18 Muffinformen verteilen und jeweils in die Teigmitte eine Vertiefung hineindrücken. Dann einen Klecks Marmelade hineingeben.

Die Mandeln klein hacken und über die Muffins streuen.

Die Muffins auf der zweiten Schiene von unten 15–20 Minuten bei 200 °C backen, bis sie durchgebacken sind.

KINDER: *Ein Muffin kann als Zwischenmahlzeit gegessen werden.*

ERWACHSENE: *Genießen Sie einen süßen Muffin als Nascherei im Rahmen einer abwechslungsreichen Ernährung. Sie können das „ausgleichen", indem Sie im Laufe des Tages eine Handvoll Nr. 4 einsparen.*

1 Muffin enthält
121 kcal · Protein: 3 g · Kohlenhydrate: 14 g · Ballaststoffe: 2 g · Fett: 5 g

Roggenkissen mit Schokolade

ZUBEREITUNGSZEIT: *15 Minuten*

MENGE FÜR: *4 Portionen*

HINWEIS: *Verzehren Sie die Roggenkissen innerhalb von zwei Tagen – so lange können sie in einer geschlossenen Tüte oder einem luftdichten Behälter aufbewahrt werden.*

20 g dunkle Schokolade (mindestens 70 % Kakaoanteil)

80 g Roggenkissen

Die Schokolade schmelzen und die Roggenkissen darin wenden.

Die Roggenkissen auf Backpapier legen, bis die Schokolade fest geworden ist.

KINDER: *Eine Portion Roggenkissen mit Schokolade kann als Zwischenmahlzeit gegessen werden.*

ERWACHSENE: *Eine Portion Roggenkissen mit Schokolade entspricht einer Handvoll Nr. 4 und einem halben EL Fett für eine durchschnittliche Frau beziehungsweise einer kleinen Handvoll Nr. 4 und einem halben EL Fett für einen Mann.*

1 Portion enthält

111 kcal · Protein: 2 g · Kohlenhydrate: 17 g · Ballaststoffe: 3 g · Fett: 3 g

TIPP

Bereiten Sie die Roggenkissen mit Schokolade zusammen mit Ihren Kindern zu, und genießen Sie sie als etwas gesünderes Freitagsnasch-werk.

TIPP

Verwenden Sie als Füllung für die Piroggen übrig gebliebene Hackfleischsoße oder Reste von anderen gekochten Gerichten.

Piroggen

ZUBEREITUNGSZEIT: *25 Minuten*
MENGE FÜR: *15 Stück*

400 g fertiger Vollkornpizzateig
2–3 EL Mehl
5 TL Weizenkleie
200 g Hackfleischsoße, siehe Rezept auf Seite 220
1 Eiweiß

ALS GARNITUR:
1 TL Oregano
50 g Mozzarella (mindestens 18 % Fett absolut)

Aus dem Teig 15 Scheiben mit etwa 8 cm Durchmesser ausstechen. Auf die leicht bemehlte Arbeitsfläche legen und jede Scheibe mit einer Teigrolle noch etwas vergrößern.

Die Kanten der Scheiben rundherum mit Eiweiß bestreichen.

Etwa ein ⅓ TL Weizenkleie in die Mitte des Teigkreises geben, etwas verteilen und einen großen TL Hackfleischsoße daraufgeben. Den Teig darüber zusammenklappen, um die Pirogge zu schließen, dabei die Teigkanten mit einer Gabel fest zusammendrücken.

Die Piroggen auf ein mit Backpapier ausgelegtes Backblech legen und mit Eiweiß bestreichen. Mit Mozzarella belegen und mit Oregano bestreuen.

Die Piroggen 12–15 Minuten bei 200 °C im Ofen backen, bis sie knusprig und goldbraun sind.

KINDER: *Eine Pirogge kann als Zwischenmahlzeit gegessen werden.*

ERWACHSENE: *Eine Pirogge entspricht einer halben Handvoll Nr. 4 und einer kleinen Handvoll Nr. 3 für eine durchschnittliche Frau beziehungsweise einer drittel Handvoll Nr. 4 und einer kleinen Handvoll Nr. 3 für einen Mann.*

1 Pirogge enthält
102 kcal · Protein: 5 g · Kohlenhydrate: 13 g · Ballaststoffe: 1 g · Fett: 3 g

Schinkenmuffins

ZUBEREITUNGSZEIT: *45 Minuten*
MENGE FÜR: *10 Stück*

TEIG:
120 g Haferflocken
200 ml Magermilch
4 sonnengetrocknete Tomaten in Öl
200 g Vollkornweizenmehl
1 TL Backpulver
1 TL Oregano
1 TL Salz
1 Ei
1 EL Öl

FÜLLUNG:
100 g grüne Erbsen
200 g Schinken in Würfeln

Die Haferflocken 15 Minuten in der Milch einweichen.

Die getrockneten Tomaten fein hacken.

Das Mehl mit Backpulver, Oregano und Salz mischen.

Die Haferflockenmischung, die Tomaten, die Mehlmischung, das Ei und das Öl gut verrühren und die Erbsen und den Schinken unterheben.

Den Teig in 10 Muffinformen geben und etwa 25 Minuten bei 200 °C backen, bis die Muffins durchgebacken sind.

KINDER: *Ein Schinkenmuffin kann als Zwischenmahlzeit oder als eine halbe Handvoll Nr. 3 und eine drittel Handvoll Nr. 4 gezählt werden.*

ERWACHSENE: *Ein Schinkenmuffin entspricht einer halben Handvoll Nr. 4 und einer drittel Handvoll Nr. 3 für eine durchschnittliche Frau beziehungsweise einer drittel Handvoll Nr. 4 und einer viertel Handvoll Nr. 3 für einen Mann.*

1 Schinkenmuffin enthält
139 kcal · Protein: 9 g · Kohlenhydrate: 15 g · Ballaststoffe: 4 g · Fett: 4 g

TIPP
Wenn Sie Sahne anstelle von Milch verwenden, schmeckt der Kuchen noch leckerer.

Schokoladenkuchen

ZUBEREITUNGSZEIT: *80 Minuten*
MENGE FÜR: *12 Portionen*
HINWEIS: *Dieser Kuchen gehört in die Kategorie Genussmittel und ist als solcher Teil einer abwechslungsreichen Ernährung.*

TEIG:
150 g Butter
200 g Zucker
4 Eier
40 g Kakaopulver
250 g Weizenmehl
2 TL Backpulver
1 EL Vanillezucker
200 ml Milch

AUSSERDEM:
10 g Butter

Weiche Butter und Zucker am besten mithilfe eines Handrührgeräts oder einer Küchenmaschine ein paar Minuten lang cremig schlagen. Dann die Eier unter Rühren hinzugeben.

Alle trockenen Zutaten in eine Schüssel sieben und vermischen, dann nach und nach unter die Eimasse rühren, bis ein klebriger, zäher Teig entstanden ist. Die Milch langsam hinzugeben, bis die Teigmasse locker und homogen ist.

Eine Springform mit Rohrboden gut einfetten, den Teig hineingeben und etwa 50 Minuten bei 175 °C im Ofen backen. Nach 45 Minuten die Holzstäbchenprobe machen: Bleibt das Stäbchen sauber, ist der Kuchen fertig, sollte noch Teig daran kleben, die Backzeit etwas verlängern.

Den Kuchen in der Form abkühlen lassen, dann vorsichtig vom Rand lösen und aus der Form stürzen.

GENUSSELEMENT: *Ein Stück dieses Schokoladenkuchens entspricht in etwa einer halben Esskiste.*

Im Rahmen des Handvoll-Prinzips werden Sie selbst herausfinden, wie viel von einer Esskiste ein Stück Kuchen repräsentiert. Als kleine Faustregel gilt: Ein Stück Kuchen, das Ihre Hand einige Zentimeter hoch füllt, entspricht ungefähr einer ganzen Esskiste. Bei dem hier vorgestellten Schokoladenkuchen sind die Portionen so aufgeteilt, dass ein Stück Kuchen ungefähr eine halbe Esskiste füllt.

SO KANN DIE FAMILIE MIT KUCHEN UND ANDEREN GENUSSMITTELN UMGEHEN:

Feste und Feiertage können für eine gesunde Ernährung zur Herausforderung werden. Sofern Kuchen, die auf traditionelle Weise mit Zucker, Mehl und Butter gebacken werden, besonderen Anlässen vorbehalten bleiben und die gesunden Zutaten der Esskisten nicht verdrängen, ist es aber absolut in Ordnung, sich ein Stück zu gönnen. Ich würde Ihnen raten, Ihren Kindern zu erklären, dass Genussmittel in Ordnung sind, solange sie nicht regelmäßig Bestandteil der Ernährung sind.

Bei diesem Rezept handelt es sich um den Lieblingskuchen meiner Kindheit. Ich habe es geliebt, den Teig zu probieren und die Schüssel auszulecken – und direkt nach dem Backen zur Krönung ein Stück noch lauwarm zu genießen.

1 Stück Kuchen enthält
289 kcal · Protein: 6 g · Kohlenhydrate: 34 g · Ballaststoffe: 2 g · Fett: 14 g

Beilagen

TIPP
Ersetzen Sie den Zucker durch 3–4 TL flüssigen Süßstoff.

Rhabarberkompott

ZUBEREITUNGSZEIT: *20 Minuten*
MENGE FÜR: *8 Portionen*

400 g Rhabarber, tiefgekühlt
60 ml Wasser
80 g Zucker
1 TL gemahlene Vanille

Den Rhabarber mit dem Wasser, dem Zucker und der gemahlenen Vanille in einem Topf 10–15 Minuten kochen, bis er weich ist. Falls erforderlich, das Kompott mit mehr Zucker abschmecken.

EINE PORTION ENTSPRICHT:

einer halben Handvoll Nr. 1 beziehungsweise Handvoll Nr. 2.*

1 Portion enthält
54 kcal · Protein: 0–1 g · Kohlenhydrate: 12 g · Ballaststoffe: 2 g · Fett: 0–1 g

Hummus

ZUBEREITUNGSZEIT: *15 Minuten*
MENGE FÜR: *6 Portionen*
HINWEIS: *Falls Sie getrocknete Kichererbsen verwenden, beachten Sie, dass diese vorher über Nacht eingeweicht werden müssen. Befolgen Sie hierzu die Anweisungen auf der Packung.*

1 Dose Kichererbsen (240 g)
2 große Zehen Knoblauch
50 ml Olivenöl
2 EL Tahina (Sesampaste)
½ TL Salz
4 EL Zitronensaft
50 ml Wasser
1 Messerspitze Pfeffer

Die Kichererbsen abgießen und alle Zutaten mit dem Mixer zu einer gleichmäßigen Masse verarbeiten. Eventuell müssen Sie für die gewünschte Konsistenz noch etwas Wasser hinzugeben.

EINE PORTION ENTSPRICHT:

einer drittel Handvoll Nr. 3 und einem EL Fett.

1 Portion enthält
156 kcal · Protein: 4 g · Kohlenhydrate: 8 g · Ballaststoffe: 3 g · Fett: 11 g

TIPP
Sie können für diese Hummus-variante auch frische oder gekochte Gemüsereste verwenden.

Hummus mit Süßkartoffel

ZUBEREITUNGSZEIT: *15 Minuten*
MENGE FÜR: *6 Portionen*
HINWEIS: *Falls Sie getrocknete Kichererbsen verwenden, beachten Sie, dass diese vorher über Nacht eingeweicht werden müssen. Befolgen Sie hierzu die Anweisungen auf der Packung.*

150 g gekochte Süßkartoffeln
1 Dose Kichererbsen (240 g)
1 große Zehe Knoblauch
4 EL Olivenöl
3 EL Zitronensaft
1 TL zerstoßener Kreuzkümmel (Kumin)
1 TL Salz
½ TL Chiliflocken

Die Süßkartoffeln, die Kichererbsen, den Knoblauch, das Öl und den Zitronensaft mit dem Mixer zu einem gleichmäßigen Hummus verarbeiten. Falls erforderlich, noch etwas Wasser hinzugeben. Mit Kreuzkümmel, Salz und Chiliflocken abschmecken.

EINE PORTION ENTSPRICHT:

einer drittel Handvoll Nr. 1 beziehungsweise Handvoll Nr. 2, einer drittel Handvoll Nr. 3 und einem EL Fett.*

1 Portion enthält
156 kcal · Protein: 3 g · Kohlenhydrate: 11 g · Ballaststoffe: 3 g · Fett: 10 g

Schinkensalat

ZUBEREITUNGSZEIT: *15 Minuten*
MENGE FÜR: *6 Portionen*
HINWEIS: *Sie können den Schinkensalat als Püree oder mit Stücken servieren.*

300 g geräucherter Schinken
½ Zwiebel
60 g Mayonnaise
2 EL Crème fraîche (höchstens 9 % Fett)
2 EL Zitronensaft
1 Messerspitze Pfeffer
nach Belieben 2 EL Schnittlauch

DIE PÜRIERTE VERSION:
Den Schinken würfeln und mit der Zwiebel, der Mayonnaise, der Crème fraîche und dem Zitronensaft zusammen pürieren. Dann mit Pfeffer abschmecken und nach Belieben Schnittlauchröllchen hinzugeben.

DIE VERSION MIT SCHINKENSTÜCKCHEN:
Den Schinken und die Zwiebel in kleine Würfel schneiden und mit der Mayonnaise, der Crème fraîche und dem Zitronensaft vermischen. Dann mit Pfeffer abschmecken und nach Belieben Schnittlauchröllchen hinzugeben.

EINE PORTION ENTSPRICHT:

einer halben Handvoll Nr. 3 und einem EL Fett.

1 Portion enthält
136 kcal · Protein: 9 g · Kohlenhydrate: 2 g · Ballaststoffe: 0 g · Fett: 10 g

TIPP

Sie können nach diesem Rezept auch Thunfisch-, Lachs- oder Krabbensalat zubereiten. Ersetzen Sie den Schinken durch die Zutat Ihrer Wahl.

TIPP

Wenn Sie den Fisch durch gekochtes oder gebratenes Hähnchen ersetzen, können Sie nach diesem Rezept auch einen Hähnchensalat zubereiten.

Fisch- und Meeresfrüchtesalate

ZUBEREITUNGSZEIT: *15 Minuten*
MENGE FÜR: *6 Portionen*
HINWEIS: *Auch die Fischsalate können als Püree oder mit Stücken serviert werden. Sie finden im Folgenden Vorschläge für drei solcher Salate – mit Krabben, Lachs beziehungsweise Thunfisch.*

300 g Fisch oder Schalentiere
½ Zwiebel
60 g Mayonnaise
2 EL Crème fraîche (höchstens 9 % Fett)
2 EL Zitronensaft
1 Messerspitze Pfeffer
nach Belieben 2 EL Schnittlauch oder andere Kräuter

DIE PÜRIERTE VERSION:
Den Fisch mit der Zwiebel, der Mayonnaise, der Crème fraîche und dem Zitronensaft zusammen pürieren. Dann mit Pfeffer abschmecken und nach Belieben Schnittlauchröllchen hinzugeben.

DIE VERSION MIT STÜCKEN:
Den Fisch und die Zwiebel in kleine Würfel schneiden und mit der Mayonnaise, der Crème fraîche und dem Zitronensaft vermischen. Dann mit Pfeffer abschmecken und nach Belieben Schnittlauchröllchen oder andere gehackte Kräuter hinzugeben.

EINE PORTION ENTSPRICHT:

einer halben Handvoll Nr. 3 und einem EL Fett.

1 Portion Krabbensalat enthält
122 kcal · Protein: 9 g · Kohlenhydrate: 2 g · Ballaststoffe: 0 g · Fett: 9 g

1 Portion Lachssalat enthält
170 kcal · Protein: 11 g · Kohlenhydrate: 2 g · Ballaststoffe: 0 g · Fett: 14 g

1 Portion Thunfischsalat enthält
137 kcal · Protein: 13 g · Kohlenhydrate: 2 g · Ballaststoffe: 0 g · Fett: 9 g

Allgemeine Hinweise

zu den Rezepten und Nährwertangaben

Die in diesem Buch vorgeschlagene Ernährungsweise basiert auf Ernährungsempfehlungen, die vom Nordischen Ministerrat herausgegeben wurden. Das Esskistenmodell des Handvoll-Prinzips auf den Seiten 20 und 21 wurde so angepasst, dass die Kalorienzufuhr und Nährstoffaufteilung für Kinder diesen Ernährungsempfehlungen entspricht. Das bedeutet, dass sich normalgewichtige Kinder mit der in diesem Buch vorgeschlagenen Ernährungsweise höchstwahrscheinlich gemäß einer normalen Wachstumskurve entwickeln werden und dass übergewichtige Kinder mit dieser Ernährung entweder in einem vernünftigen Tempo abnehmen können oder aber aus ihrem Übergewicht sozusagen „herauswachsen".

Die Rezepte in diesem Buch unterscheiden sich von denen in den anderen Büchern über das Handvoll-Prinzip – die Aufteilung entspricht nicht vollständig dem Esskistenmodell für Erwachsene auf Seite 19. Es gibt hinsichtlich des jeweils angemessenen Ernährungsprofils einen Unterschied zwischen Kindern und Erwachsenen. Dem wurde Rechnung getragen und eine modifizierte Gesamtbewertung der Zusammensetzung von Mahlzeiten und Mengen in den einzelnen Rezepten vorgenommen. Jede Familie muss selbst entscheiden, wie sie die Mengen aus den Rezepten aufteilt; die Bildbeispiele auf den Seiten 22–25, 152 und 153 sowie 208 und 209 geben dafür Anhaltspunkte. Während Erwachsene dem auf Seite 19 gezeigten Esskistenmodell folgen können, ist für Kinder die Aufteilung der Portionsgrößen nicht so genau festgelegt. Erläuterungen und Tipps zur konkreten Handhabung finden sich in der Darstellung des an Kinder angepassten Esskistenmodells auf Seite 119.

Erwachsene sollten zunächst drei Mahlzeiten am Tag einnehmen, während Kinder bei Bedarf drei Hauptmahlzeiten und eine bis drei Zwischenmahlzeiten zu sich nehmen können. Im Laufe der Zeit finden Sie heraus, wie viele Mahlzeiten für die einzelnen Familienmitglieder tatsächlich am besten sind. Nicht die Anzahl der Mahlzeiten ist entscheidend für die Gewichtskontrolle, sondern die Gesamtmenge der Kalorien. Es gibt keine feste Formel, nach der man berechnen könnte, wie viel Ihre Familie essen sollte. Zu viele Variablen, wie Größe, Gewicht, Alter und Appetit, spielen hier eine Rolle.

Typischerweise werden Jugendliche und erwachsene Männer die größten Mengen essen, gefolgt von erwachsenen Frauen und von Kindern. Bei unseren Angaben haben wir uns an Jugendlichen im Alter von 17 Jahren und Kindern im Alter von 6 Jahren orientiert. Allerdings kann gerade bei Kindern der Appetit von Tag zu Tag sehr unterschiedlich ausfallen. Sie müssen selbst herausfinden, ob die Rezepte in ihrer Zusammensetzung für die Mitglieder Ihrer Familie passen oder ob ein wenig nachjustiert werden muss – das geht nur durch Ausprobieren.

Wenn Sie und Ihre Familie stark übergewichtig sind, können Sie in den ersten Monaten eineinhalb Portionen pro Person zubereiten. Damit stellen Sie sicher, dass Sie auch weiterhin satt werden. Mit der einsetzenden Gewichtsabnahme können Sie dann die Portionsgrößen allmählich verringern.

Wenn Sie und Ihre Familie normalgewichtig sind, müssen Sie beurteilen, ob die Portionsgrößen angemessen sind. Vielleicht kann etwas mehr Brot o. Ä. auf den Tisch kommen, sodass Sie nicht abnehmen, sondern Ihr Gewicht halten. Ganz unabhängig von der Gewichtsfrage müssen Sie schlicht zusammen mit Ihrer Familie die jeweils angemessenen Mengen herausfinden – die ja auch veränderlich sind, weil zum Beispiel die Kinder älter werden oder Familienmitglieder abnehmen und nur noch kleinere Portionen benötigen.

Die Vorschläge für Mahlzeiten auf den Seiten 150–205 gehen von einem typischen Alltag außer Haus aus. Teilweise werden Reste vom Abendessen verwendet, manchmal auch Bestandteile von anderen Mahlzeiten der Woche. Manche Lunchpakete basieren auf dem Esskistenmodell für Erwachsene, andere wiederum auf dem für Kinder und Jugendliche. Wurde das Rezept auf der Grundlage des Esskistenmodells für Kinder und Jugendliche entwickelt, wird dies im Rezept erwähnt, und es wird auf Seite 119 verwiesen, wo Sie eine Anleitung finden, wie das Rezept für Erwachsene angepasst werden kann.

Vergessen Sie nicht, dass Kinder je nach Alter und körperlicher Aktivität eine bis drei Zwischenmahlzeiten pro Tag brauchen. Jugendliche mit einem unstillbaren Appetit brauchen vielleicht in ihrem Lunchpaket eine zusätzliche Scheibe Roggenbrot. Das ist völlig in Ordnung.

Auf den Fotos zu den Rezepten ist in der Regel genau ein Viertel der Menge des Gesamtrezepts zu sehen. Das bedeutet, dass Jugendliche und Väter etwas mehr brauchen als abgebildet ist, während das Kind eher etwas weniger benötigt.

Bei jedem Rezept finden Sie Nährwertangaben, die sich – wenn nicht anders angegeben – auf ein Viertel des Gesamtrezepts beziehen, also normalerweise auf die abgebildete Menge. Der Jugendliche und der Vater nehmen also etwas mehr Kalorien zu sich, das Kind dagegen etwas weniger. Die tatsächlichen Portionsgrößen bei Ihnen zu Hause werden natürlich von der individuellen Einschätzung Ihrer Familie abhängen.

Diese Nährwertangaben sind auch deshalb Teil der Rezepte, weil einige Familien aufgrund von Krankheiten oder anderen Gegebenheiten die Mengen der Makronährstoffe und ihr Verhältnis zueinander berücksichtigen müssen.